Editorial

En este trimestre se estudiarán las siguientes unidades: **En el desierto con la gente de Dios**, **En el desierto con Moisés** y **En el desierto con Juan y Jesús**. El desierto es el hilo que hilvana estas historias que ocurren en un lapso de tiempo muy amplio en la historia del pueblo hebreo. El desierto viene a ser un lugar de encuentro con Dios, un lugar de aprendizaje, pruebas y de crecimiento espiritual. Es el lugar donde los y las protagonistas de estas historias deciden hacer la voluntad de Dios permitiéndole ser el centro de sus vidas.

Al igual que entonces, hoy día, el pueblo de Dios se enfrenta a momentos y circunstancias que podríamos llamar experiencias del desierto. Nos enfrentamos cada día con las incertidumbres de nuestro futuro, los retos económicos, el calentamiento de la tierra y las consecuencias que esto pueda traer, las incógnitas políticas de nuestros tiempos, la violencia en nuestra sociedad y, por consiguiente, en nuestros hogares. A pesar de todo esto, podemos encontrarnos con Dios y crecer en la certeza de que aún en medio de todas estas inquietudes Dios está con nosotros. Es este mensaje el que le queremos llevar a nuestra niñez. Una niñez que no está ajena a todas estas inquietudes, sino que desde su perspectiva las vive, las sufre y las siente.

Es por todo lo dicho anteriormente que debemos renovar cada día nuestro compromiso de llevar la Palabra de Dios a nuestra niñez. Cada niño y niña pasa por sus propios momentos de desierto y como personas adultas no debemos subestimar la importancia de sus preocupaciones, sino asegurarles que Dios les ama y que está con ellos y ellas en todo momento y ayudarles a crecer en su fe y compromiso con Dios.

A continuación le hacemos algunas sugerencias que le pueden ayudar para el mejor uso de Zona Bíblica®.

Para el director o la directora de la Escuela Bíblica:
- Antes de entregar el material a su personal de Escuela Bíblica, haga copias de todo el material a ser fotocopiado en los libros de los tres niveles. Pueden ser tres fotocopias por lección.
- Prepare un archivo de cada nivel con las fotocopias de cada lección para que se facilite el proceso de hacer con anticipación las fotocopias de cada clase.
- Puede preparar un taller para entregar Zona Bíblica® a sus maestros y maestras para que se puedan familiarizar con todos los elementos y explicar el proceso de fotocopiado del material que habrán de seguir.
- Si tiene grupos bilingües, también puede ordenar el libro de Bible Zone® a Cokesbury.

Para los maestros y las maestras:
- Familiarícese con todos los elementos de Zona Bíblica®: Guía del maestro, Accesorios de Zona®, Transparencias y el disco compacto.
- Los objetivos de la lección están integrados a la Historia bíblica (trasfondo bíblico). Casi siempre los puede encontrar en los últimos párrafos.
- Estudie la lección con anticipación y determine los materiales a usar. Asegúrese de tener todas las fotocopias y los materiales que se van a usar en la clase.
- Cada lección le provee varias actividades. Determine cuáles va a realizar, y considere el tiempo y el espacio disponible. Modifique la lección de acuerdo a las necesidades de sus estudiantes, pero asegúrese de cumplir con los objetivos de la clase.
- Involucre a papás y mamás en el proceso de aprendizaje bíblico de sus hijos e hijas. Envíe al hogar la Zona Casera® semanalmente.

Éstas son algunas sugerencias para el mejor uso de este material en Zona Bíblica®. Maestros y maestras, ¡que Dios les bendiga.

Carmen Saraí Pérez
Editora, Zona Bíblica®

Abingdon

Donde la Biblia se hace vida

En el desierto

Primarios menores

También disponible de Abingdon Press:

Zona Bíblica® de *Abingdon*
Pre-escolar
Paquete de DIVERinspiración®

Zona Bíblica® de *Abingdon*
Primarios mayores
Paquete de DIVERinspiración®

Escritoras: Lisa Flinn y Barbara Younger
Editora: Carmen Saraí Pérez
Editor de desarrollo: Pedro López
Editor de producción: Pablo Garzón
Director de diseño y producción:
R.E. Osborne
Diseñador: Roy C. Wallace III
Foto de la portada: Getty Images / Royalty Free
Fotógrafo: Gregory Costanzo
Ilustradora: Megan Jeffery
Traductora: Lorena Arredondo
Traductor de los cánticos: Julito Vargas

Abingdon

Primarios menores

Donde la Biblia se hace vida

EN EL DESIERTO

Abingdon Press
Nashville

Zona Bíblica® de Abingdon
Donde la Biblia se hace vida
EN EL DESIERTO
Primarios menores

Derechos reservados © 2007 Abingdon Press

Todos los derechos reservados.

Ninguna parte de este trabajo, CON EXCEPCIÓN DE LAS PÁGINAS Y PATRONES QUE ESTÉN CUBIERTOS POR EL AVISO POSTERIOR, puede ser reproducido o transmitido en ninguna forma o por ningún medio, electrónico o mecánico, incluyendo fotocopiado y grabación, o por ningún sistema de recuperación y almacenaje de datos, con excepción de lo estipulado por la Ley de Derechos de Autor de 1976 o con permiso, por escrito, del editor. Las peticiones para permisos deben someterse por escrito a: Abingdon Press, 201 Eighth Avenue South, Nashville, TN 37203, por fax al (615) 749-6128, o sometidas por correo electrónico a permissions@abingdonpress.com.

• AVISO •
SÓLO PATRONES / PÁGINAS que están marcadas como Reproducible
pueden ser duplicados para uso en la iglesia local o la escuela de la iglesia.
El siguiente aviso de derechos de autor es incluido en estas páginas y debe aparecer
en la reproducción:

Permiso de fotocopiado otorgado para el uso de la iglesia local. © 2007 Abingdon Press.

Las citas de la Escritura
son de la Versión Popular Dios habla hoy
a menos que se especifique lo contrario.

ISBN 978-0-687-64434-6

Créditos de arte:
Arte por Megan Jeffery.

Los créditos de las canciones aparecen en la página 177

**El disco compacto no se provee en este material.
Visitar Cokesbury.com/español para ver la disponibilidad de estas canciones
para descargar electrónicamente.**

07 08 09 10 11 12 13 14 15 16—10 9 8 7 6 5 4 3 2 1
HECHO EN LOS ESTADOS UNIDOS DE AMÉRICA

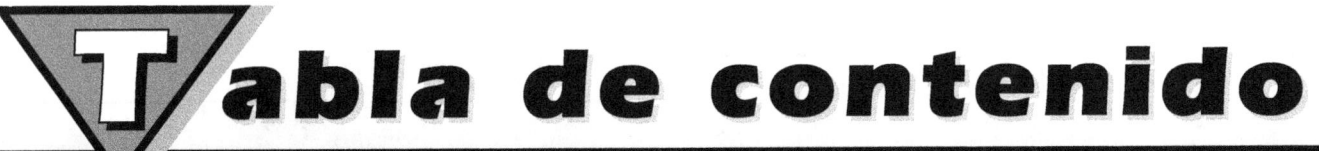
En el desierto

Unidades bíblicas en la Zona 6
Acerca de Zona Bíblica® 7
Bienvenido a Zona Bíblica® 8
Primarios menores 9
Abraham y Sara 10
Los tres visitantes 22
Isaac y Rebeca 34
Jacob y Esaú 46
La escalera de Jacob 58
La zarza ardiente 70
La salida de Egipto 82
Agua y comida 94
Los Diez Mandamientos 106
Un santuario para Dios 118
La batalla de Jericó 130
La voz en el desierto 142
Jesús en el desierto 154
Zona de Juego 166
Zona de Comida 167
Zona de Juego 168
Zona de Arte 169
Etiquetas para nombres 170
Zona de Arte 171
Trivia del desierto 172
Zona de Historias 174
Comentarios de los usuarios 175

Unidades bíblicas en la

1. En el desierto con la gente de Dios

Historia bíblica	Versículo bíblico
Abraham y Sara	Génesis 15:1b
Los tres visitantes	Génesis 17:7
Isaac y Rebeca	Salmos 13:3
Jacob y Esaú	1 Corintios 7:7
La escalera de Jacob	Génesis 28:15

2. En el desierto con Moisés

Historia bíblica	Versículo bíblico
La zarza ardiente	1 Pedro 4:10b
La salida de Egipto	1 Pedro 5:7
Agua y comida	Salmos 107:8
Los Diez Mandamientos	Éxodo 19:5
Un santuario para Dios	Salmos 100:4
La batalla de Jericó	Josué 1:9b

3. En el desierto con Juan y Jesús

Historia bíblica	Versículo bíblico
La voz en el desierto	Isaías 40:9-10
Jesús en el desierto	Mateo 4:10

Acerca de la  Zona Bíblica

Accesorios de Zona®:

Los Accesorios de Zona® son juegos y materiales para apoyar las historias bíblicas que encontrará en el Paquete de DIVERinspiración® de Zona Bíblica®. Algunos Accesorios de Zona® tendrán que ser reemplazados luego de ser usados. Aquí se proporcionan para la comodidad del maestro.

- disco compacto
- jeeps de safari
- araña afelpada
- pinzas de koala
- canicas de vidrio
- ranas saltarinas
- pelota de rana inflable
- juego de atrapar a la rana
- títeres de rana para los dedos
- sombrero de rana
- pelotas de colores

Materiales:

- Biblia para cada estudiante
- tocadiscos de discos compactos
- pegamento blanco
- tijeras, perforadora
- cinta adhesiva transparente y cinta adhesiva para paquetes
- bolsas de papel para meriendas
- objetos de la naturaleza
- papel de construcción, papel, papel para artesanías
- hilo de tejer o cinta
- recipiente pequeño, cucharón,
- engrapadora
- serpentinas de papel crepé
- platos de papel, servilletas, vasos, cuchillos, cucharas
- sorbetes (popotes)
- cojincillo de tinta
- crayones, marcadores con punta de fieltro, lápices
- marcadores de tinta permanente (o plumas)
- toallitas húmedas o toallas de papel humedecidas
- rocas
- hojas
- canastas o recipientes
- botellas de agua pequeñas
- chal (pañolón)
- bastón o vara
- retazos de tela
- papel de aluminio
- gemas de plástico o escarcha de brillo
- caja
- moldes para hornear, cajas llanas
- pintura lavable
- pretzels torciditos en forma de corazón, uvas o pasitas, cubitos de queso, aceitunas negras sin semilla, galletas de higo, rebanadas de pepino, almendras o pistachos, galletas emparedadas, malvaviscos, jugo, fruta, bagels, donas, galletas saladas, queso enlatado, crema de malvavisco o de cacahuate, miel, comida hecha de miel como cereal o dulces, galletas graham, chispas de chocolate
- opcional: pintura o plumas de escarcha de brillo, estampas engomadas, estrellitas de papel engomadas, tachuelas, pegamento para artesanía, libro guía de insectos del campo, trapos viejos, tocado de la época bíblica, jarra, agua, fotografía del santuario de su templo

PRIMARIOS MENORES

Bienvenido a la  Bíblica

Donde la Biblia se hace vida

Diviértase aprendiendo acerca de las historias bíblicas favoritas del Antiguo y Nuevo Testamentos. Cada lección en esta guía del maestro está llena de juegos y actividades que harán el aprendizaje DIVERinspirante para usted y sus estudiantes. Con sólo algunos materiales adicionales, todo lo que el maestro necesita está incluido en el Paquete de DIVERinspiración® de la Zona Bíblica® de *Abingdon*.

Cada lección contiene un recuadro llamado En la Zona®:

 **Dios quiere que compartamos nuestros dones y talentos con otras personas.**

que se repite una y otra vez a través de la lección. En la Zona® declara el mensaje bíblico en un lenguaje que sus estudiantes pueden conectar con sus vidas.

Use las siguientes recomendaciones para que su viaje por la Zona Bíblica® esté lleno de DIVERinspiración® y ¡que sea todo un éxito!
- Lea cuidadosamente cada lección. Lea los pasajes bíblicos.
- Memorice el versículo bíblico y el lema de En la Zona®.
- Escoja las actividades que se adapten a su grupo de estudiantes y al tiempo que tenga disponible.
- Lea la historia de la Zona Bíblica®.
- Reúna los Accesorios de Zona® que usará en la lección.
- Reúna los materiales que utilizará en la lección.
- Aprenda la música para la lección que se encuentra en el disco compacto de DIVERinspiración®.
- Acomode su salón de tal manera que haya lugar suficiente para que sus estudiantes se puedan mover y sentar en el piso.
- Fotocopie las páginas reproducibles para la lección.
- Fotocopie la página para sus estudiantes en Zona Casera®.
- Fotocopie cualquier página reproducible (páginas 166–174).

Primarios menores

Cada estudiante en su clase es un hijo único o una hija única de Dios. Cada estudiante tiene su propio nombre, historia, situación familiar y conjunto de experiencias. Es importante recordar y celebrar las diferencias particulares de cada estudiante. Sin embargo, estos hijos y estas hijas de Dios tienen algunas necesidades comunes.

- Todos los niños y las niñas necesitan amor.
- Todos los niños y las niñas necesitan un sentido de autoestima.
- Todos los niños y las niñas necesitan sentir la satisfacción de obtener logros.
- Todos los niños y las niñas necesitan tener un lugar seguro para ser ellos mismos y ellas mismas, de tal manera que puedan expresar sus sentimientos.
- Todos los niños y las niñas necesitan estar rodeados de personas adultas que les amen.
- Todos los niños y las niñas necesitan experimentar el amor de Dios.

Sus estudiantes de primarios menores (6–8 años de edad) también tienen algunas características en común.

Sus cuerpos
- Están creciendo a velocidades distintas.
- Tienen mucha energía, son inquietos, y tienen dificultad para estar sentados por mucho tiempo.
- Están desarrollando habilidades motoras finas.
- Quieren participar en lugar de observar o escuchar.

Sus mentes
- Están desarrollando habilidades académicas básicas.
- Están ansiosos de aprender cosas nuevas.
- Aprenden mejor mediante el trabajo creativo.
- Tienen muy poco sentido del tiempo.
- Son pensantes concretos, y no pueden interpretar símbolos.
- Están desarrollando la habilidad para razonar y discutir.
- Les gusta participar en la planificación de sus propias actividades.

Sus relaciones
- Quieren jugar con otros niños y otras niñas.
- Son sensibles a los sentimientos de otras personas.
- Están substituyendo la dependencia de sus padres por la de sus maestros.
- Disfrutan de actividades pero frecuentemente cuestionan las reglas.
- Imitan a las personas adultas en actitudes y acciones.

Sus corazones
- Están dispuestos y dispuestas a aprender acerca de Dios.
- Necesitan personas adultas que les cuiden y que sean modelos del comportamiento cristiano.
- Necesitan cantar, actuar y repetir versículos bíblicos.
- Necesitan escuchar historias bíblicas sencillas.
- Pueden hablar con Dios fácilmente si se les alienta a hacerlo.
- Comienzan a hacer preguntas acerca de Dios.
- Pueden compartir con otras personas.

Abraham y Sara

Entra a la

Versículo bíblico

No tengas miedo, Abram, porque yo soy tu protector.

Génesis 15:1b

Historia bíblica
Génesis 12:1-8; 15:1-6

La palabra desierto puede hacernos evocar imágenes hermosas tales como: dunas de arena, noches estrelladas u oasis llenos de palmeras y en el medio un estanque de agua. Sin embargo si estuviéramos en medio del desierto, sin un guía o un equipo moderno de supervivencia, la palabra tomaría de pronto un nuevo significado. No importa cuánto admiremos el desierto, puede resultar un lugar temible y amenazante.

La palabra hebrea que con mayor frecuencia se utiliza para decir desierto es *midbar*, que significa "aquello que está desolado y desierto" y "aquello que está más allá". El *desierto* les recordaba a los hebreos de bestias salvajes, tribus amenazantes, hambre y sed. Moisés les advirtió a los israelitas, "Recuerden cómo Dios los hizo marchar por el grande y terrible desierto, lleno de serpientes venenosas y escorpiones, y donde no había agua" (Deuteronomio 8:15). En el Nuevo Testamento también se menciona el desierto: Juan el Bautista aparece en el desierto vestido con ropas hechas de pelo de camello; Jesús se internó en el desierto, donde fue tentado por el diablo. En el Nuevo Testamento el desierto evoca un lugar alejado de la familia y de toda comodidad.

La niñez disfruta de la vida al aire libre y de casi todas las criaturas de la Tierra. Durante esta unidad, ayude a los niños y a las niñas a entender la crueldad del desierto, así como su majestuosidad y sus grandes maravillas. Dios creó una Tierra magnífica, la que debemos atesorar y respetar.

En la lección de hoy, Abraham y Sara emprenden una aventura en el desierto rumbo a una nueva tierra, una tierra que Dios les había prometido que era buena. Dios les dijo: "No teman, yo los protegeré". Como maestros y maestras, necesitamos ayudar a nuestros estudiantes a entender e interpretar, para sus propias vidas, esta promesa. Dios promete estar con nosotros siempre, no importa dónde estemos. Sin embargo, la promesa de protección divina no significa que debemos arriesgar nuestras vidas. Los niños y las niñas deben velar por su seguridad. Dios, que nos ama y está siempre con nosotros, quiere que atesoremos nuestras vidas siendo cuidadosos de ellas.

Dios siempre está con nosotros, no importa dónde estemos.

Vistazo a la

ZONA	TIEMPO	MATERIALES	ACCESORIOS DE ZONA
Acércate a la ZONA			
Hora de llegada	10 minutos	bolsas de papel pequeñas, objetos de la naturaleza, crayón o marcador	ninguno
Viaja con Abraham	10 minutos	Reproducible 1A, lápices o crayones	ninguno
Zona Bíblica			
Conoce a Desiré Desierto	5 minutos	ninguno	rana inflable
Vamos, Abraham, vamos	10 minutos	papel verde, tijeras	ninguno
Decora la estrella	10 minutos	Reproducible 1B, tijeras, perforadora, hilo de tejer, crayones o marcadores (opcional: papel de construcción y pegamento blanco, pintura o plumas escarcha de brillo o plumas de escarcha de brillo, estrellitas de papel engomadas o estampas de estrellas)	ninguno
Juego de "La estrella se llama…"	5 minutos	estrellas de nombre, luz verde hecha con anterioridad	ninguno
Zona de Vida			
Celebra cantando	5 minutos	tocadiscos de discos compactos	disco compacto
¿Qué te da miedo?	5 minutos	Biblia	araña afelpada
Cerremos la clase	5 minutos	ninguno	ninguno

* Los Accesorios de Zona® se encuentran en el **Paquete de DIVERinspiración®**.

PRIMARIOS MENORES: LECCIÓN 1

Acércate a la

Escoja una o más actividades para capturar el interés de sus estudiantes.

Materiales:
bolsas de papel pequeñas
objetos de la naturaleza
crayón o marcador

Accesorios de Zona®:
ninguno

Hora de llegada

Prepare un Maravilloso centro del desierto para usar al comienzo de las primeras cinco clases. Despliegue rocas, pequeñas ramas, flores silvestres, y algunos insectos, reptiles y otros animales de juguetes. Cada semana, los objetos que se requieran para la actividad de apertura se pueden poner en el Maravilloso centro del desierto.

Antes de que lleguen sus estudiantes, enumere y rotule bolsas de papel: 1, 2, y así sucesivamente. Coloque en las bolsas objetos como rocas, ramitas, flores silvestres y arena; sólo un artículo por bolsa. Luego doble las bolsas para cerrarlas.

Conforme lleguen sus estudiantes, enséñeles el Maravilloso centro del desierto.

Diga: Nuestras lecciones de Zona Bíblica® tienen como trasfondo el desierto. Por eso tenemos un Maravilloso centro del desierto.

Señale las Misteriosas bolsas del desierto. Anime a sus estudiantes a que busquen en las bolsas sin mirar a hurtadillas. Invíteles a que usen el tacto para detectar lo que hay dentro de cada bolsa, sin que hagan comentarios. Cuando todos hayan llegado y hayan tenido su turno, recoja las bolsas una por una. Pídales que le digan lo qué hay en cada bolsa, y luego enséñeles el contenido.

Diga: Todas estas cosas se pueden encontrar en el desierto. Y por cierto, ¿qué es el desierto? (*Regiones de la naturaleza donde usualmente no vive la gente*). **Hay muchas historias bíblicas muy emocionantes e importantes acerca de las experiencias que la gente de Dios tuvo en el desierto. Las historias nos ayudan a ver que Dios estuvo con aquellas personas de aquel entonces en pleno desierto, al igual que entonces, Dios está con nosotros hoy.**

Materiales:
Reproducible 1A
lápices o crayones

Accesorios de Zona®:
ninguno

Viaja con Abraham

Fotocopie con tiempo el **Reproducible 1A**, uno por estudiante.

Entrégueles una copia del laberinto y lápices o crayones.

Diga: En la historia bíblica de hoy, un hombre llamado Abraham viaja con su esposa, Sara, su sobrino Lot y otras personas por el desierto rumbo a la tierra que Dios les había prometido. Averigüen si ustedes pueden ayudarles a encontrar su camino a través del desierto.

Cuando sus estudiantes terminen, pídales que mencionen algunas de las cosas que vean en el laberinto: lobos, serpientes, ríos, montañas y árboles.

Escoja una o más actividades para sumergir a sus estudiantes en la historia bíblica.

Conoce a Desiré Desierto

Infle la **rana** antes de que lleguen los niños y las niñas.

Diga: Ésta es nuestra amiga, Desiré Desierto. Ella vive en un oasis en el desierto, pero dio un salto hasta nuestra clase para conocerles.

Tome a Desiré Desierto.

Diga en su voz más chistosa de croar de rana: ¡Yo amo el lugar que Dios creó para nosotros! Voy a acercarme a cada uno de ustedes. Al hacerlo, díganme su nombre y un lugar al aire libre que les guste.

Si sus estudiantes tienen problemas para mencionar un lugar al aire libre, sugiérales que piensen: "¿A dónde va tu familia de vacaciones? ¿Alguna vez has paseado en bote? ¿Has subido una montaña o has ido en una excursión? ¿En alguna ocasión has visto ranas de verdad saltando en un estanque?"

Cuando todos hayan tenido oportunidad de hablar con Desiré, sostenga otra vez a la rana junto a usted.

Diga: Dios ha creado un mundo lleno de lugares maravillosos para que podamos disfrutar y explorar. A veces, cuando estamos en el campo, nos sentimos cerquita de Dios, pues su mundo es muy bonito. Y no importa dónde estemos, bajo techo o al aire libre, Dios está con nosotros.

Deje a Desiré Desierto donde pueda disfrutar observando el resto de la lección. Le puede recordar frente a la clase que debe permanecer sentada y no brincar ni croar mientras esté dando la clase.

Diga: Para Abraham y los otros viajeros, el viaje hacia la tierra prometida les daba miedo y a veces era peligroso. Pero Dios prometió cuidar de ellos, y cumplió su promesa.

Materiales:
ninguno

Accesorios de Zona®:
rana inflable

 **Dios siempre está con nosotros, no importa dónde estemos.**

Historia de la  Bíblica

Vamos, Abraham, vamos

Recorte un círculo en papel de color verde para que sea la luz verde que requiere la historia.

Reúna a sus estudiantes en el área de narrar la historia.

Pregunte: ¿Alguien se ha mudado de casa o a una nueva escuela? (*Anímeles para que compartan sus experiencias de mudanzas. Comparta también algunas de sus experiencias. Ayúdeles a entender que mudarse puede ser emocionante y triste, divertido y que da miedo a la vez.*)
Mudarse no siempre es fácil. En la historia bíblica de hoy, Dios le dijo a Abraham que se mudara. Para Abraham, su esposa, Sara, y su sobrino Lot, y para los demás que iban con ellos, la mudanza debió de haber sido ambas cosas: emocionante y triste, a veces divertido y a veces amenazante.

Sostenga la luz verde frente a la clase.

Pregunte: ¿Qué significa una luz verde? (*Avanzar.*)

Diga: Conforme vaya leyendo la historia, cada vez que yo levante esta luz verde, ustedes van a animar a Abraham y a sus compañeros de viaje gritándoles: "¡Vamos, Abraham, vamos! ¡Vamos, Abraham, vamos!"

Practique levantando la luz para que sus estudiantes griten la consigna.

Diga: En la historia van a escuchar la palabra *descendientes*, eso significa sus hijos, y los hijos de sus hijos, y los hijos de esos hijos.

Nosotros podemos encontrar a Abraham en Génesis, el primer libro de la Biblia.

(*Levante la luz verde.*)
¡Vamos, Abraham, vamos! ¡Vamos, Abraham, vamos!

Dios le dijo a Abraham que dejara su país y a su familia. Dios prometió que le enseñaría una nueva tierra donde vivir.

(*Levante la luz verde.*)
¡Vamos, Abraham, vamos! ¡Vamos, Abraham, vamos!

Dios prometió bendecir a Abraham.

(*Levante la luz verde.*)
¡Vamos, Abraham, vamos! ¡Vamos, Abraham, vamos!

Dios prometió que Abraham sería famoso y que sería bendición para otras personas.

(*Levante la luz verde.*)
¡Vamos, Abraham, vamos! ¡Vamos, Abraham, vamos!

Dios prometió que convertiría a los descendientes de Abraham en una gran nación.

(*Levante la luz verde.*)
¡Vamos, Abraham, vamos! ¡Vamos, Abraham, vamos!

Abraham hizo lo que Dios le encomendó. Él ya tenía 75 años en ese entonces.

(*Levante la luz verde.*)
¡Vamos, Abraham, vamos! ¡Vamos, Abraham, vamos!

Él partió con su esposa, Sara, con su sobrino Lot, con todo lo que poseía y con todos sus sirvientes.

(*Levante la luz verde.*)
¡Vamos, Abraham, vamos! ¡Vamos, Abraham, vamos!

Él recorrió kilómetros y kilómetros y kilómetros a través del desierto.

(*Levante la luz verde.*)
¡Vamos, Abraham, vamos! ¡Vamos, Abraham, vamos!

Cuando llegaron a la nueva tierra, Dios se le apareció a Abraham y le dijo, "Yo te daré esta tierra para siempre a ti y a tu familia".

(*Levante la luz verde.*)
¡Vamos, Abraham, vamos! ¡Vamos, Abraham, vamos!

Los años pasaron. Dios se le apareció otra vez a Abraham en una visión y le dijo, "No tengas miedo, yo te protegeré".

(*Levante la luz verde.*)
¡Vamos, Abraham, vamos! ¡Vamos, Abraham, vamos!

Abraham dijo, "Señor Todopoderoso, tú me has dado todo lo que podría pedir, excepto hijos".

(*Levante la luz verde.*)
¡Vamos, Abraham, vamos! ¡Vamos, Abraham, vamos!

Dios llevó afuera a Abraham y le dijo, "Mira el cielo y ve si puedes contar las estrellas. Así de numerosos serán tus descendientes."

(*Levante la luz verde.*)
¡Vamos, Abraham, vamos! ¡Vamos, Abraham, vamos!

Abraham creyó en la promesa divina, y Dios se agradó de él. Dios acompañó a Abraham a dondequiera que fue.

(*Levante la luz verde.*)
¡Vamos, Abraham, vamos! ¡Vamos, Abraham, vamos!

Dios siempre está con nosotros, no importa dónde estemos.

Escoja una o más actividades para sumergir a sus estudiantes en la historia bíblica.

Materiales:
Reproducible 1B
tijeras
perforador
hilo de tejer
crayones o marcadores
opcional: papel de construcción y pegamento blanco, pintura o plumas de escarcha brillante, estrellitas de papel engomadas o estampas de estrellas

Accesorios de Zona®:
ninguno

Decora una estrella que se llama...

Con anterioridad, haga suficientes fotocopias de la estrella (**Reproducible 1B**) y recorte, para cada estudiante, un pedazo de hilo de tejer de 24 pulgadas.

Diga: Dios le prometió a Abraham que sería famoso, y lo fue. Abraham es una de las personas más reconocidas de la Biblia. ¡Todo el mundo conoce su nombre! En la historia de hoy, cuando Abraham levantó la vista a las estrellas, ¿qué le dijo Dios? (*Que él tendría tantos descendientes como estrellas había en el cielo.*) **En honor de la promesa que Dios le hizo a Abraham y celebrando nuestro propio nombre, vas a crear una estrella con tu nombre.**

Entregue a cada estudiante una copia de la estrella y ponga a su disposición los demás materiales. Pídales que escriban sus nombres en el centro de la estrella y que la decoren. Podrían usar simplemente marcadores o crayones, pero se divertirían más si usan pintura o plumas de escarcha brillante y estrellitas engomadas o estampitas de estrellas. Para que las estrellas queden más firmes, dígales que las peguen a papel de construcción antes de recortarlas. Luego deben hacer un orificio en uno de los extremos de la estrella y atar allí una hebra de hilo. Las estrellas se usarán en un juego.

Materiales:
estrellas de nombre
luz verde hecha con anterioridad

Accesorios de Zona®:
ninguno

Juego de "la estrella se llama..."

Indique a sus estudiantes que se pongan la estrella alrededor del cuello.

Diga: ¡Ustedes se ven como un cielo lleno de hermosas estrellas! Cuando levante la luz verde, quiero que ustedes encuentren a otra persona. Estréchense las manos y díganles a la otra persona, "Hola", y el nombre de esa persona, "Dios te ama y te acompaña a dondequiera que vayas". Entonces la otra persona dirá, "Hola", y luego el nombre de ustedes, "Dios te ama y te acompaña a dondequiera que vayas". Cuando vean arriba la luz verde, encuentren a un nuevo compañero. ¡En sus marcas, listos, fuera! (*Levante la luz verde.*)

Levante la luz una y otra vez hasta que todos se hayan saludado. Si su grupo es pequeño, o si sus estudiantes parecen estar disfrutando del juego, levante la luz unas cuantas veces más y dígales que pueden saludar a la misma persona dos veces.

 de Vida

Escoja una o más actividades para que la Biblia cobre significado en la vida diaria.

Celebra cantando

Toque el cántico "Tú eres mío" (**disco compacto, pista 3**). Después diríjales para que lo canten. Finalmente pida que digan sus propios nombres tras escuchar la palabra nombre en este verso: "He llamado a cada uno por su nombre".

Materiales:
tocadiscos de discos compactos

Accesorios de Zona®:
disco compacto

Eres mío

No temas porque estoy contigo
por tu nombre yo te llamaré
Ven y sígueme.
Te daré la paz.
Te amo. Mío eres tú.

No temas porque estoy contigo
por tu nombre yo te llamaré
Ven y sígueme.
Te daré la paz.
Te amo. Mío eres tú.

LETRA: David Haas; trad. por Pablo Garzón
MÚSICA: David Hass
© 1986, trad. © 2007 G.I.A. Publications

 **Dios siempre está con nosotros, no importa dónde estemos.**

PRIMARIOS MENORES: LECCIÓN 1

 de Vida

Escoja una o más actividades para que la Biblia cobre significado en la vida diaria.

Materiales:
Biblia

Accesorios de Zona®:
araña afelpada

¿Qué te da miedo?

Mantenga escondido a Pantania Peluda, la araña **afelpada**. Tome una Biblia.

Diga: El versículo bíblico de hoy es "No tengas miedo, Abram, porque yo soy tu protector" (Génesis 15:1). Dios le dijo estas palabras a Abraham antes de que saliera en su viaje por el desierto hacia una nueva tierra. ¿Qué le atemorizaría más, a Abraham, de su viaje? (*Animales salvajes, peligrosos ríos o montañas, lastimarse o enfermarse, perderse.*) **Dios prometió proteger a Abraham. Nosotros podemos pedirle a Dios que nos proteja también.** (*Saque la araña afelpada.*) **Éste es otra de nuestras amigas, Pantania Peluda. Pantania Peluda no es temible; es más bien amistosa. Y también es tontita; le gusta sentarse sobre las cabezas.** (*Pon a Pantania sobre tu propia cabeza.*) **Voy a dejar que Pantania Peluda descanse en sus cabezas. Según llegue hasta su cabeza, usted nos dirá algo que le asuste. Entonces todos repetiremos el versículo.**

Cuando todos en la clase hayan terminado de compartir sus temores y una vez que todos hayan respondido con el versículo, baje a Pantania Peluda y déjala, quizá, junto a Desiré Desierto.

Diga: Dios no quiere que tengan miedo. Es importante que les digan a sus familiares y a sus amigos a qué le tienen miedo, pero pueden decírselo a Dios también. Ustedes pueden orar a Dios en cualquier momento, no importa dónde estén.

Materiales:
ninguno

Accesorios de Zona®:
ninguno

Cerremos la clase

Pida a sus estudiantes que formen un círculo.

Diga. Dios está con nosotros, no importa dónde estemos. Voy a mencionar un lugar. Según nos movamos por el círculo, me van a decir un lugar a donde irían en esa categoría.

Mencione algunos lugares tales como escuela (irían al gimnasio, al salón de informática, a su salón); iglesia (al santuario, a la cocina, al salón social); casa (a su cuarto, a la sala, al comedor); aire libre (a la cancha, al bosque, a la piscina).

Después de mencionar varios lugares, pídales que inclinen las cabezas para orar.

Ore así: Amado Dios, gracias por todos los lugares a los que podemos ir. Nos gozamos de que estés con nosotros, no importa dónde estemos, y nos alegra que nos acompañes a doquiera vayamos. Amén.

Haga una copia de Zona Casera® para cada estudiante.

 # Casera para padres

Versículo bíblico
No tengas miedo, Abram, porque yo soy tu protector.
Génesis 15:1

Historia bíblica
Génesis 12:1-8; 15:1-6

En la lección bíblica de hoy, su hijo o hija, escuchó acerca de las promesas que Dios le hizo a Abraham. Dios le prometió guiarlo a una nueva tierra, bendecirlo y hacer que fuera bendición para otros, también que su nombre sería recordado por generaciones. Abraham hizo como Dios le encomendó y viajó a una nueva tierra. Más tarde, Dios le dijo a Abraham que saliera y mirara a las estrellas en el cielo. Dios le prometió a Abraham que tendría tantos descendientes como estrellas en el cielo.

Esta semana, su hijo comenzó un nuevo libro de lecciones de Zona Bíblica®, titulado "En el desierto". Cada una de estas trece vívidas lecciones se enfocará a una historia bíblica relacionada con el desierto. Adentrándose en el espíritu del desierto, durante las semanas que vienen, tal vez usted pueda llevar a su hijo al zoológico, a un centro de la naturaleza o a un museo de las ciencias, a caminar por el bosque, o quizá a una aventura en bote o a nado. ¡Celebremos la vida al aire libre y el magnífico mundo que Dios ha creado para todos nosotros!

Fiesta en una noche estrellada

En una noche clara ofrezcan una fiesta bajo un cielo estrellado. Canten canciones como "Estrellita, ¿dónde estás?" o "Del oriente somos" (*Mil voces para celebrar* pág. 108), por ejemplo. Reciban a un grupo de invitados tan numeroso como la cantidad de estrellas que puedan contar. En honor de Abraham, mencionen los nombres de todos los familiares que recuerden. Que cada persona escoja una estrella favorita y le dé un nombre tonto; o sólo por diversión, que la nombre como a uno de sus familiares. Concluyan la fiesta haciendo una oración de acción de gracia a Dios ¡por el maravilloso espectáculo de estrellas en el cielo!

Tu gran nombre

Platíquele a su hijo o hija cómo fue escogido su nombre. ¿Lo llamaron como a un familiar? ¿Escogió su nombre porque le atraía cómo sonaba, o porque es un nombre popular, o tal vez porque admira a alguien que se llama igual?

Déle papel y crayones o marcadores. Deje que disfrute escribiendo su nombre con diferentes estilos y luego decorándolo. Ponga su trabajo artístico en un lugar prominente de su casa.

Dios siempre está con nosotros, no importa dónde estemos.

PRIMARIOS MENORES: LECCIÓN 1

Viaja con Abraham

Ayuda a Abraham, a Sara y a Lot para que encuentren el camino a la tierra prometida.

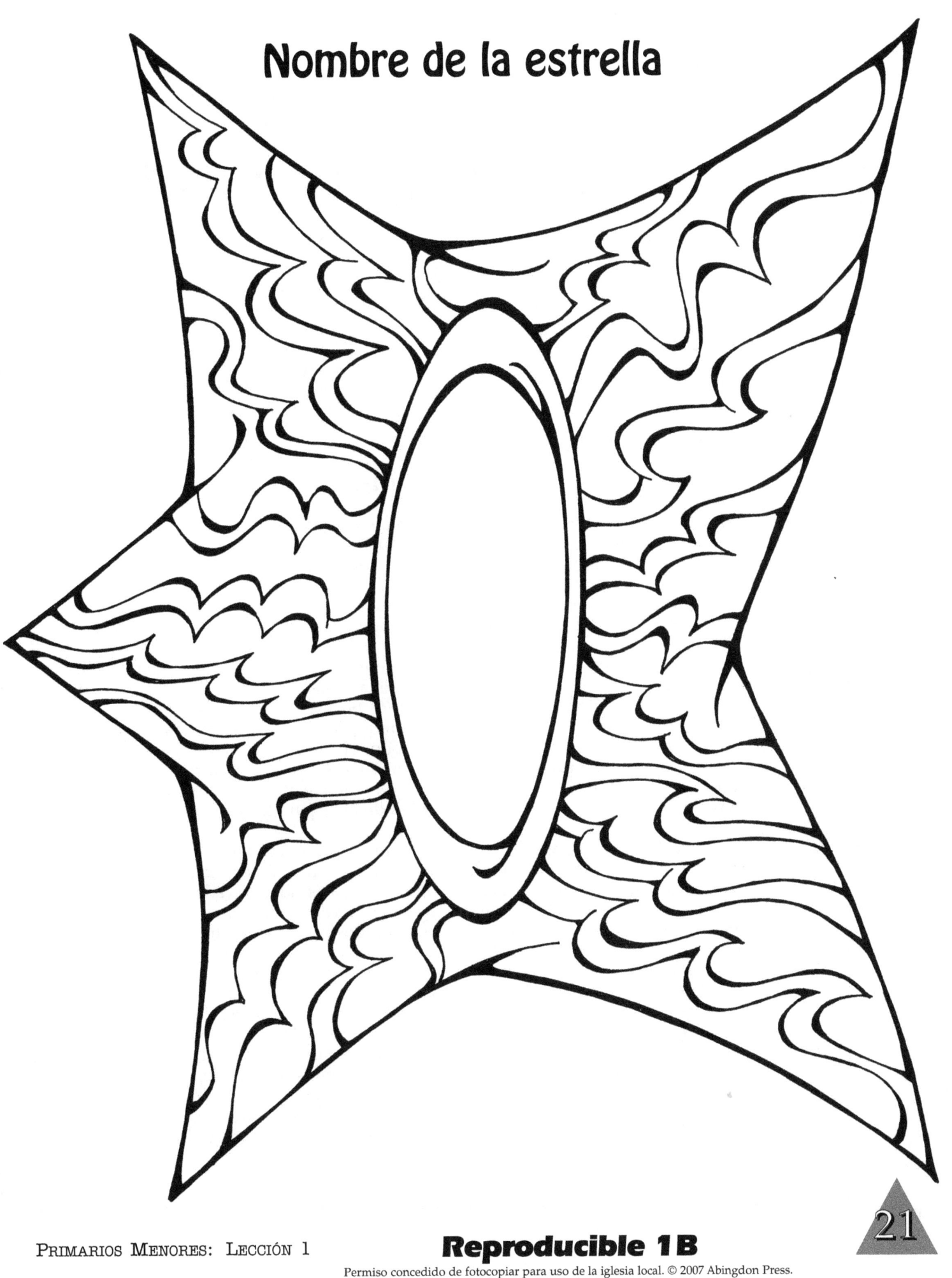

Los tres visitantes

Entra a la ZONA

Versículo bíblico
Yo siempre seré tu Dios, y el Dios de ellos.
Génesis 17:7

Historia bíblica
Génesis 17:1-7, 15-17; 18:1-15; 21:1-8

Después de la creación del primer hombre y la primera mujer, Dios les encomendó a que se multiplicaran. Los hebreos atesoraban este mandato. Los bebés, especialmente los varones, eran recibidos con gran júbilo al mundo. Sara, la esposa de Abraham, debió de sentir una gran decepción al saberse incapaz de procrear un hijo. Imagina la confusión y el gozo de Sara cuando, ya entrada en años, tres forasteros vinieron a decirle a Abraham que Dios les daría un hijo. De hecho, a Sara le dio risa pues sabía que era demasiado vieja para concebir un hijo. No obstante, un hijo, Isaac, nació tal como Dios lo había prometido.

En la Biblia hay muchas referencias a alumbramientos de bebés. Las comadronas alentaban a las madres durante el parto y las ayudaban a traer a la criatura al mundo. Al nacer el niño, la partera lavaba al bebé, lo frotaba con sal y lo envolvía en pañales. Tal vez el agua que se usaba para limpiar al niño estaba un poco sucia y los pañales también podrían haber sido lavados con agua sucia. Moscas y otros insectos quizá sobrevolaban el lugar. Tal como en el nacimiento más famoso en la Biblia, el nacimiento de Jesús, los animales a veces compartían el mismo espacio que la madre y el niño.

Gracias, al desarrollo de la medicina y a mejores condiciones en todo lo relacionado con nacimientos, hoy día el arribo de una criatura al mundo es mucho más seguro en la mayoría de los lugares.

Los niños y las niñas en educación primaria tienen mucha curiosidad sobre el proceso de nacimiento. Algunos de ellos tienen hermanos o primos menores. Sus estudiantes de esta edad pueden estar más familiarizados con los pormenores de los alumbramientos, y aunque los papás y las mamás prefieran responder las preguntas de sus hijos en casa, como maestro puedes reafirmarles que la concepción y el nacimiento son parte del plan de Dios para la creación.

Algunos de sus estudiantes tendrán muchos hermanos, otros tal vez sean hijos únicos; quizá tenga estudiantes adoptados, o algunos que vivan con familiares, en familias con padrastros o madrastras, o familias de un solo padre o madre. Cerciórese de la situación familiar de cada estudiante. Esta lección hace hincapié en que podemos depender de las promesas de Dios. Ayúdeles a entender que Dios promete amar a todos los niños y las niñas de todo tipo de familias y en cualquier situación de vida. Dios celebra el nacimiento y la vida de todos y cada uno de los niños nacidos en el mundo, igual que usted celebra la vida de cada uno de sus estudiantes.

Podemos depender de las promesas de Dios.

Vistazo a la

ZONA	TIEMPO	MATERIALES	ACCESORIOS DE ZONA®
Acércate a la ZONA®			
Hora de llegada	5 minutos	cacerola pequeña, cucharón o cuchara de cocina, agua (opcional: plantas de acuario, peces de plástico u otras criaturas de acuáticas)	canicas, ranas saltarinas
Zona Bíblica®			
Platiquemos con Desiré Desierto	5 minutos	ninguno	rana inflable
Títeres de Abraham y Sara	10 minutos	Reproducible 2A, bolsas pequeñas de papel, pegamento blanco, tijeras, crayones	ninguno
Tres visitantes	5 minutos	marionetas de Abraham y Sara	ninguno
Banderines de promesas	10 minutos	Reproducible 2B, crayones, tijeras, engrapadora, banderolas de papel crepé	ninguno
De boca en boca	5 minutos	Biblia	ninguno
Zona de Vida			
Celebra cantando	5 minutos	tocadiscos de discos compactos	disco compacto
Juego de promesas	5 minutos	ninguno	araña afelpada
Cerremos la clase	5 minutes	ninguno	ninguno

⊚ * Los Accesorios de Zona® se encuentran en el **Paquete de DIVERinspiración®**.

PRIMARIOS MENORES: LECCIÓN 2

23

Acércate a la ZONA

Escoja una o más actividades para capturar el interés de sus estudiantes.

Materiales:
cacerola pequeña
cucharón o cuchara de cocina
agua
opcional: plantas de acuario, peces de plástico u otras criaturas de acuáticas

Accesorios de Zona®:
canicas
ranas saltarinas

Hora de llegada

Para esta actividad, cree un estanque simulado en el Maravilloso centro del desierto. Llene de agua una cacerola pequeña y acomode dentro **canicas,** como si fueran rocas de río, así como las **ranas saltarinas**. Considere añadir otras cosas tales como plantas de acuario, peces de plástico u otras criaturas de acuáticas.

Diga: Abraham y Sara vivían en el desierto, así que debían alegrarse cada vez que encontraban un oasis. Un oasis es un lugar en el desierto con vegetación y agua. ¡Miren! Ha aparecido un estanque en nuestro Maravilloso centro del desierto.

Invite a sus estudiantes a sacar una roca de río (canica) y una rana del estanque. Se divertirán tratando de sostener las canicas y haciendo que las ranas den brinquitos. Siga con la actividad hasta que todos hayan tenido su turno.

Diga: En realidad no podemos encontrar rocas tan redonditas como las canicas de nuestro estanque, pero las rocas suelen gastarse hasta que se vuelven lisitas gracias al agua que pasa por ellas. Y las ranas aman dar saltos por toda la orilla de los estanques, justo como sus ranas saltarinas han brincando el día de hoy.

Pídales a sus estudiantes que compartan algunas de sus experiencias en los ríos, mar, lagos, estanques o fuentes de agua.

Diga: Dios creó un mundo maravilloso para que lo disfrutáramos. Jugar y ejercitarnos en el agua es una buena manera de disfrutar la naturaleza que Dios nos dio.

Pida a los niños y a las niñas que pongan de nuevo las rocas y las ranas dentro del estanque.

Podemos depender de las promesas de Dios.

Escoja una o más actividades para sumergir a sus estudiantes en la historia bíblica.

Platiquemos con Desiré Desierto

Tome a la **rana inflable**, ahora mejor conocida como Desiré Desierto.

Pregunte: ¿Quién recuerda el nombre de esta rana tan guapa? ¡Por supuesto que recuerdan cómo se llama Desiré! Le prometí que lo recordarían. (*Que Desiré diga con voz chistosa de croar, "Hola, ¿cómo están, muchachos?"*) **La historia bíblica de esta semana habla de la promesa que Dios les hizo a Abraham y a Sara. Para pensar un poco sobre las promesas, menciónele a Desiré una promesa que alguien les haya hecho.**

Comience hablando sobre algunas promesas que alguien le haya hecho, especialmente promesas de la niñez. Pase a Desiré de estudiante a estudiante y anímeles a compartir una promesa que alguien le haya hecho.

Diga: Es importante para las personas cumplir las promesas que hacen, justo como Dios cumplió la que les hizo a Abraham y a Sara.

Materiales:
ninguno

Accesorios de Zona®:
rana inflable

Títeres de Abraham y Sara

Con tiempo, saque copias del **Reproducible A** para cada estudiante. Repártalas y entrégueles el resto de los materiales. Cada estudiante necesitará dos bolsas de papel.

Diga: La historia bíblica de hoy será presentada en una función de títeres. Vamos a hacer unos títeres de Abraham y de Sara para usarlos en nuestra función.

Pida a sus estudiantes que coloreen las ilustraciones de Abraham y Sara para preparar los títeres, luego que las recorten y peguen al frente de cada bolsas de papel. Cuando terminen, pida que metan la mano en las bolsas manos.

Diga: Todo el mundo levante a Abraham para que podamos saludarlo. (*Dirija a sus estudiantes para que digan, "Hola, Abraham".*) **Levanten a Sara para saludarla también.** (*Dirija a sus estudiantes para que digan, "Hola, Sara".*) **Abraham y Sara, nos alegra que estén con nosotros, porque vamos a montar una función de títeres acerca de ustedes. Durante la función, vamos a enterarnos cómo Dios les cumplió su promesa.**

Materiales:
Reproducible 2A
bolsas de papel tamaño emparedado
pegamento blanco
tijeras
crayones

Accesorios de Zona®:
ninguno

PRIMARIOS MENORES: LECCIÓN 2

Historia de la Zona Bíblica

Tres visitantes

Con tiempo, saque copias de la obra de títeres para sus estudiantes.

Reúna a la clase en el área de narrar historias. Dígales que lleven consigo sus títeres y que se coloquen el de Abraham en una mano y el de Sara en la otra.

Si sus estudiantes son lectores hábiles, pida que sigan la lectura mientras usted actúa la obra, y maneja cada títere en el momento apropiado. Si la mayoría de los niños y las niñas no tienen un buen nivel de lectura, indíqueles el títere apropiado como señal para que los alcen y sepan quién está hablando.

Empiece a leer las partes de narrador, Abraham y Sara, usando voces diferentes para cada uno.

Narrador: Cuando Abraham tenía 99 años de edad, Dios se le apareció y le dijo, "Te voy a hacer una promesa a ti y a tus descendientes. Yo seré tu Dios y seré el Dios de ellos. Les voy a dar a ti y a tus descendientes esta tierra para siempre".

Abraham: (*Se inclina haciendo una reverencia.*)

Narrador: Les voy a dar a ti y a tu esposa un hijo.

Abraham: (*Hace otra reverencia y se ríe.*)

Narrador: Abraham se rió de la idea de que él y su esposa tuvieran un hijo, pues ellos eran muy viejos. Más tarde, Dios se le volvió a aparecer cuando él estaba sentado a la entrada de su tienda. Abraham levantó la vista y vio a tres forasteros parados muy cerca.

Abraham: (*Se inclina haciendo una reverencia.*) Por favor pasen a mi casa, donde les puedo servir. Les traeré comida pues deben tener hambre, y agua para que se laven los pies.

Narrador: Los forasteros contestaron, "Gracias, aceptamos lo que nos ofreces". Rápidamente, Abraham entró en su tienda en búsqueda de Sara.

Permiso de fotocopiado otorgado para uso de la iglesia local. © 2007 Abingdon Press.

Abraham: ¡Sara, Sara, date prisa! Toma harina y prepara pan para nuestros invitados.

Sara: Empezaré a hornear enseguida.

Narrador: Entonces Abraham mató a uno de sus mejores becerros y se lo dio a su sirviente para que lo cocinara. Entonces los visitantes le preguntaron a Abraham, "¿Dónde está tu esposa, Sara?"

Abraham: Ella está aquí, en la tienda de campaña.

Narrador: Uno de los visitantes era Dios. Él dijo, "Yo regresaré el año que entra en esta temporada. Cuando venga, tu esposa tendrá un hijo". Sara estaba a la entrada de la tienda de campaña escuchando.

Sara: (Se ríe y se dice a sí misma.) ¡Soy demasiado vieja para tener un hijo!

Narrador: Dios le preguntó a Abraham, "¿Por qué se está riendo Sara? Yo cumpliré mi promesa". Y Dios cumplió lo prometido: Sara tuvo un niño.

Sara: El bebé es hermoso. Dios me ha traído alegría y risa.

Abraham: Le pondremos por nombre Isaac a nuestro bebé.

Narrador: ¡El nombre *Isaac* significa risa!

Abraham: Dios nos ha dado un gran regalo. ¡Dios cumplió la promesa que nos hizo!

Podemos depender de las promesas de Dios.

Escoja una o más actividades para sumergir a sus estudiantes en la historia bíblica.

Materiales:
Reproducible 2B
crayones
tijeras
engrapadora
banderines de papel crepé

Accesorios de Zona®:
ninguno

Banderines de promesas

Con tiempo, saque una copia para cada estudiante de los símbolos de promesa (**Reproducible 2B**). Busque un lugar en su templo donde sus estudiantes puedan colgar los banderines para que todos las disfruten.

Entrégueles las copia de los Símbolos de Promesa.

Pregunte: ¿Qué símbolos ven en la hoja de papel? (*Arco iris, cruz, corazón y paloma.*) **La Biblia nos dice que Dios cumple sus promesas, y hoy hemos escuchado sobre la promesa que Dios les hizo a Abraham y a Sara. Los símbolos que tienen frente a ustedes representan otras promesas: el arco iris, nos recuerda la historia del arca de Noé, representa la promesa de Dios de que nunca más va a destruir toda Tierra con un diluvio. La cruz representa la promesa de Dios de enviar a un Salvador, Jesús. El corazón representa la promesa de Dios de amarnos siempre. La paloma representa la promesa del Espíritu Santo. En honor a estas promesas, vamos a hacer banderines de promesas.**

Pida a sus estudiantes que coloreen los símbolos y que los recorten. Indíqueles, que los engrapen en banderines de papel crepé de tres pies de largo. Asegúrese de que dejen espacio en la parte de arriba para colgarlo. Cuando termine los banderines, deje que cuelguen en el lugar del templo que usted haya elegido; si cuenta con poco tiempo, puede hacer esto después de la clase. Si no resulta práctico colgar los banderines en ningún lugar del templo, cuélguenlos en el salón o permita a sus estudiantes que se las lleven a casa.

Materiales:
Biblia

Accesorios de Zona®:
ninguno

De boca en boca

Tome una Biblia.

Diga: La historia de Abraham y Sara se encuentra en el primerísimo libro de la Biblia, el libro de Génesis. La palabra *génesis* **significa "principio". Hemos escuchado acerca de las promesas de Dios desde el principio de la Biblia.** (*Pida a la clase que forme un círculo.*) **El versículo de hoy es de la historia bíblica. Escuchen cuidadosamente mientras lo repito: "Yo siempre seré tu Dios, y el Dios de ellos".**

Pida a sus estudiantes que repitan el versículo. Luego explique que van a jugar a pasarse el versículo de boca en boca. Usted va a decir la primera palabra, quien esté a su lado va a decir esa palabra más la que sigue, y así hasta que el versículo entero sea dicho. Entusiasme y apoye a los niños y las niñas que lo necesiten, juegue varias rondas, empezando cada vez con un niño o una niña diferente.

ZONA BÍBLICA®

 de Vida

Escoja una o más actividades para que la Biblia cobre significado en la vida diaria.

Celebra cantando

Permita que sus estudiantes escuchen "Más que las estrellas" **(disco compacto, pista 6)**. Diríjales para cantar el cántico.

Más que las estrellas

Estribillo:
Más que las estrellas de los cielos
más que la arena de la mar.
Así serán muchos los hijos
de Sara y Abraham.

Verso 1:
Siendo Abraham un fiel pastor
Sara su esposa dulce y fiel.
Dios prometió su descendencia
muchos iban a ser.

Estribillo:
Más que las estrellas de los cielos
más que la arena del mar
así serán muchos los hijos
de Sara y Abraham.

Verso 2:
Fue sorpresiva la noticia.
Sara rió a viva voz.
¿Cómo hacer podrían verlo
si viejos son los dos?

Estrbillo:
Más que las estrellas de los cielos
más que la arena del mar
así serán muchos los hijos
de Sara y Abraham.

Verso 3:
Y así llegó el día esperado.
Un niño bello les nació.
Isaac su nombre se traduce
"Dios nos sonrió".

LETRA: Mark Burrows; trad. por Julito Vargas
MÚSICA: Mark Burrows
© 2001; trad. © 2007 Abingdon Press, admin. por The Copyright Co., Nashville, TN 37212

Materiales:
tocadiscos de discos compactos

Accesorios de Zona®:
disco compacto

PRIMARIOS MENORES: LECCIÓN 2

 de Vida

Escoja una o más actividades para que la Biblia cobre significado en la vida diaria.

Materiales:
ninguno

Accesorios de Zona®:
araña afelpada

Juego de promesas

Diga: Voy a hacerles una cuantas promesas tontas. Les prometo que me voy a convertir en rana como Desiré Desierto en un par de minutos. Prometo que le daré a cada uno de ustedes un millón de dólares al final de la clase. Les prometo que traeré a la próxima clase una nave espacial y nos iremos todos volando hasta la luna.

Tome a Pantania Peluda, la **araña afelpada**.

Diga: Ahora les voy a pedir que hagan una promesa tonta. Cuando les lance a Pantania Peluda, piensen durante un momento y hagan una promesa tonta. Después de hacer la promesa, me lanzan de vuelta a Pantania. (*Lance la araña a cada estudiante.*) Estas promesas fueron realmente tontas, y fue divertido hacerlas. Pero las promesas de Dios no son tontas; son promesas reales.

Materiales:
ninguno

Accesorios de Zona®:
ninguno

Cerremos la clase

Diga: Podemos depender de las promesas de Dios. Nosotros también hacemos promesas. Como cristianos, es importante cumplir las promesas buenas que nos hacemos unos a otros. (*Puedes señalar que no todas las promesas son buenas. Una promesa de golpear al vecino en la nariz la próxima vez que lo veamos es un ejemplo de una mala promesa.*) ¿Cuáles son algunas de las buenas promesas que les han hecho a otras personas? (*Permita que sus estudiantes compartan.*) El día de hoy hagamos una promesa de clase.

Ayude a sus estudiantes a hacer su propia promesa de clase, como saludarse siempre unos a otros cuando vallan llegando al salón, compartir los materiales y los accesorios para los trabajos manuales, o enviar tarjetas a los ancianos o personas enfermas de la iglesia. En las semanas que siguen recuérdeles que cumplan sus promesas.

Diga: A veces las personas disfrutan la tradición de un *pacto de dedo*. Hacen una promesa a alguien, y después ambas personas enganchan sus dedos meñiques. Para sellar nuestro pacto de clase, enganchen sus dedos meñiques unos a otros en una *promesa de dedo*. (*Pida que formen un círculo y se unan por sus deditos.*) Para nuestra oración del cierre, voy a decir una frase de la oración, y ustedes la van a repetir.

Oración: Amado Dios, tú cumpliste la promesa a Abraham y a Sara (*que sus estudiantes repitan*), **y has cumplido lo que nos prometiste** (*que sus estudiantes repitan*). **Ayúdanos a cumplir nuestras promesas también** (*que sus estudiantes repitan*). **Te lo pedimos en el nombre de tu hijo, Jesús. Amén** (*que sus estudiantes repitan*).

Entregue a cada estudiante una copia de Zona Casera®.

 # Casera para padres

Versículo bíblico
Yo seré siempre tu Dios y el Dios de ellos.   Génesis 17:7

Historia bíblica
Génesis 17:1-7, 15-17; 18:1-15; 21:1-8

¡Dios cumple las promesas! El día de hoy su hijo o hija escuchó sobre la promesa de Dios a Abraham y a Sara de que les daría un hijo. Los dos futuros padres se rieron porque pensaron que tener un bebé era imposible debido a su avanzada edad. Imagine su alegría cuando nació ese bebé, un niño al que llamaron Isaac. A lo largo del Antiguo y del Nuevo Testamento, Dios cumple sus promesas. Aliente a su hijo o hija a cumplir sus promesas.

Panes divertidos

Necesitarán: pan de pita, miel y servilletas.

En los tiempos bíblicos se horneaba pan en las casas casi a diario, y se usaba miel para endulzarlo. Disfrute un bocadillo con su hijo igual que lo habrán disfrutado los hebreos en aquellos tiempos.

Corte el pan de pita y vierta miel en cada rebanada (un recipiente que controle la salida de líquido funciona bien en este caso).

Historias de bebés

Abraham y Sara se rieron cuando supieron que tendrían un bebé. Los niños y las niñas disfrutan al escuchar acerca de los meses previos a su nacimiento. Comparta con su hijo o hija, las historias de cómo se sintió cuando averiguó que sería padre o madre. Comparta también anécdotas de las fiestas que se llevaron a cabo para darle la bienvenida al nacimiento o adopción. Abrácele y dígale que él o ella es un regalo de Dios para usted, igual que Isaac lo fue para Abraham y Sara.

Podemos depender de las promesas de Dios.

Permiso de fotocopiado otorgado para uso de la iglesia local. © 2007 Abingdon Press.

PRIMARIOS MENORES: LECCIÓN 2

Títeres de Abraham y Sara

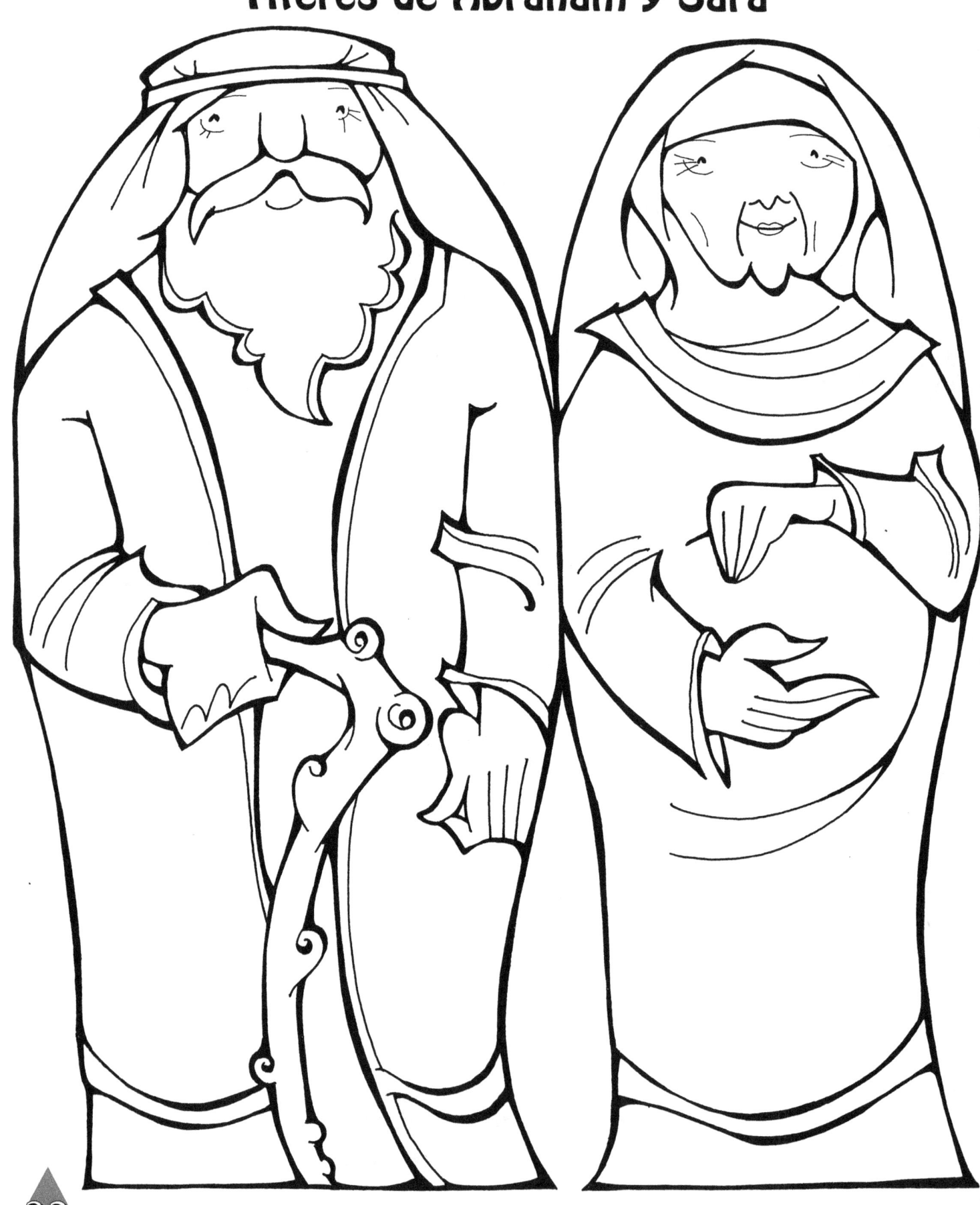

Reproducible 2A

Símbolos de promesa

PRIMARIOS MENORES: LECCIÓN 2

Reproducible 2B

Permiso de fotocopiado otorgado para uso de la iglesia local. © 2007 Abingdon Press.

Isaac y Rebeca

Entra a la ZONA

Versículo bíblico
Señor, Dios mío, ¡mírame, respóndeme, llena mis ojos de luz!

Salmos 13:3

Historia bíblica
Génesis 24:1-67

En la historia de hoy, Abraham envía a su sirviente de más confianza a buscar una esposa para su hijo, Isaac. El sirviente tiene que ir hasta Harán, la tierra de donde había salido Abraham, para buscar una esposa entre sus familiares. El sirviente oró a Dios sabiamente pidiéndole ayuda para lograr su encomienda.

Los matrimonios concertados eran lo común en épocas antiguas. En los tiempos bíblicos, la familia del novio daba el primer paso para escoger una pareja adecuada para su hijo. En la búsqueda se consideraban muchos factores, entre ellos el estatus social, económico y político. Cuando se encontraba a la mejor novia posible, la familia del novio pagaba una dote por ella, que podía consistir en joyas, ornamentos finos, ropa o telas, dinero o ganado. Si la familia de la novia quedaba satisfecha, ofrecía una fiesta de bodas.

La novia tenía poco que decir respecto a la decisión matrimonial. En la historia de hoy, Rebeca tuvo la oportunidad de decidir cuándo partiría hacia Canaán, pero su padre y su hermano no dudaron en darla en matrimonio, pues creyeron que era la voluntad de Dios.

Si Abraham hubiese tenido una hija en vez de hijo, su proceder habría sido diferente. En tal caso, la tradición era que el padre buscara un buen hombre para casar a su hija y luego adoptar a ese hombre como su hijo, con el fin de dejarle en herencia la fortuna familiar.

En nuestra cultura, la niñez ven en los medios de comunicación, intentos para buscar parejas para casamientos un poco locos. Programas recientes de televisión, como "El soltero", "Joe el millonario" y otros, han sido líderes principales en las encuestas de audiencia. Ayude a sus estudiantes a comprender que este tipo de casamientos puede ser superficial y frívolo.

Los niños y las niñas de este nivel muestran cierto interés en las citas y en el matrimonio. Quizás sean testigos de las citas de sus hermanos mayores y de las bodas familiares, así como de los divorcios, los nuevos romances de sus padres y sus nuevos matrimonios. Ellos conocen la costumbre de casarse por amor en nuestra sociedad, así que muy probablemente pregunten por qué Isaac y Rebeca se casarían con alguien que ni siquiera conocían y que mucho menos amaban. Utilice la información en este trasfondo para explicar que aquellas costumbres eran diferentes, los ancianos mandaban en la familia, y la felicidad personal era menos importante que el deber para con la familia.

Podemos ir ante Dios por ayuda

Vistazo a la

ZONA	TIEMPO	MATERIALES	ACCESORIOS DE ZONA
Acércate a la ZONA			
Hora de llegada	10 minutos	platos de cartón, crayones o marcadores, tijeras (opcional: adornos de telas tales como: encaje, lentejuelas, listón rick rack, botones, pegamento para artesanía, libro guía de insectos)	araña afelpada
Dile a Desiré Desierto	5 minutos	ninguno	rana inflable
Zona Bíblica			
Adivina qué	5 minutos	Reproducible 3A, tijeras	ninguno
Sorbetes para la historia	10 minutos	Reproducible 3A, crayones o marcadores, tijeras, cinta adhesiva, sorbetes	ninguno
Oración contestada	5 minutos	sorbetes de la historia (opcional: tocado de la época bíblica)	ninguno
Secuencia de la historia	10 minutos	Reproducible 3B, lápices (opcional: tijeras, cinta adhesiva)	ninguno
Pretzels para la oración	5 minutos	pretzels torciditos en forma de corazón, los tradicionales	ninguno
Zona de Vida			
Celebra cantando	5 minutos	tocadiscos de discos compactos	disco compacto
Vuelta y vuelta	5 minutos	ninguno	ninguno
Cerremos la clase	5 minutos	ninguno	pelotas flexibles de colores [confeti]

* Los Accesorios de Zona® se encuentran en el **Paquete de DIVERinspiración®**.

Primarios Menores: Lección 3

Acércate a la

Escoja una o más actividades para capturar el interés de sus estudiantes.

Materiales:
platos de cartón
crayones o marcadores
tijeras
opcional: adornos de tela (encaje, lentejuelas, botones, listón, rick rack…), pegamento para artesanía, libro guía de insectos del campo

Accesorios de Zona®:
araña afelpada

Hora de llegada

Antes de la clase acomode los materiales y la guía de insectos cerca del Maravilloso centro del desierto.

Según llegan sus estudiantes, use la **araña afelpada,** Pantania Peluda, para recibirles y saludarles por nombre. Permita que Pantania haga preguntas como "¿Han visto alguna araña agradable últimamente? ¿Recibieron algunas mordidas de algún insecto ayer? ¿Alguna vez han visto a una alimaña orando?"

Invite a los niños y a las niñas a crear en los platos sus propios insectos gigantes, reales o de fantasía. Las orillas acanaladas de los platos pueden hacer de alas maravillosas o de patas. Después que diseñen sus insectos en los platos, deben colorearlos, recortarlos, y engalanarlos con los adornos de tela. Muéstreles la guía de insectos.

Cuando estén terminando los insectos de cartón, traiga a Pantania Peluda para que admire las creaciones de sus estudiantes. Deje que se diviertan comparando los insectos: ¿cuáles de ellos lucen hermosos, gentiles, repugnantes o divertidos? Pida que escriban sus nombres en la parte de atrás de sus insectos.

Diga: Todo desierto tiene insectos. Diferentes clases de insectos viven en distintos lugares. Los científicos piensan que el mundo debe tener entre dos y seis millones de diferentes tipos de insectos. ¡La creación de Dios es muy asombrosa! Y cuando Dios envía a la gente al desierto, suceden cosas asombrosas. A veces la gente de Dios necesita ayuda en el desierto, y Dios está listo para socorrerles.

Materiales:
ninguno

Accesorios de Zona®:
rana inflable

Dile a Desiré Desierto

Traiga a Desiré Desierto, la **rana inflable,** y reúna a la clase a su alrededor.

Diga con la voz más chistosa que pueda: una rana del oasis como yo tiene muchísimas aventuras. Cómo no, justamente la semana pasada me metí al desierto cuando necesitaba urgentemente escapar de una serpiente enorme. Gracias a Dios que llegó mi amigo el zopilote, que aleteó tanto e hizo tal barullo que la víbora se atolondró y se olvidó de atraparme. ¿Podrían hablarme de alguna ocasión en que necesitaron ayuda?

Deje que cada estudiante tome a Desiré y hable con ella. Cuando todos hayan tenido su turno, déles las gracias por hablar con Desiré.

Diga: Todos nosotros, desde niños hasta que llegamos a ser adultos, necesitamos ayuda de vez en cuando. Es importante saber que podemos buscar a otras personas para pedirles ayuda, pero sobre todo que podemos pedirle ayuda a Dios.

Escoja una o más actividades para sumergir a sus estudiantes en la historia bíblica.

Adivina qué

Con anticipación fotocopie el **Reproducible 3A,** uno para cada niño y niña y otro para usted. Deje las copias aparte para usarlas en la siguiente actividad. Recorte su copia para separar cada uno de los objetos. Agrúpelos mirando hacia abajo. Diga a sus estudiantes que tiene láminas de algunos objetos de la historia bíblica de hoy. Explíqueles que van a jugar a adivinar de qué objeto se trata. Cada jugador debe levantar una lámina y ayudar a los demás a que adivinen.

Reglas: Diga a los jugadores que nieguen con la cabeza si no adivinan correctamente, y que asienten con la cabeza si lo hacen. El jugador debe señalar a quienes vayan adivinando para alentarlos, asimismo ha de gritar, "Sí" y mostrar la lámina cuando adivinen de que objeto se trata.

Deje que sus estudiantes se turnen para dibujar uno de los objetos en las láminas mientras otros adivinan lo que es. Si tienes más de seis estudiantes, forme parejas para que todos participen.

Diga: Nos ayudamos unos a otros para llegar hasta las respuestas correctas. Cuando le pedimos ayuda a Dios, frecuentemente Dios usa a las personas a nuestro alrededor para proveernos de la ayuda que necesitamos.

Materiales:
Reproducible 3A
tijeras

Accesorios de Zona®:
ninguno

Sorbetes para la historia

Entregue a cada estudiante su copia del **Reproducible 3A.**

Pida que coloreen y recorten los objetos. Luego pegarán cada objeto en uno de los extremos de un sorbete (popote).

Los sorbetes se usarán en la historia de hoy.

Materiales:
Reproducible 3A
crayones o marcadores
tijeras
cinta adhesiva transparente
sorbetes (popotes)

Accesorios de Zona®:
ninguno

PRIMARIOS MENORES: LECCIÓN 3

Historia de la  Bíblica

Oración contestada

Reúna a los niños y a las niñas en el área de contar historias. Pídales que traigan consigo sus sorbetes. Explique que cada uno de éstos objetos tomará parte en la historia bíblica de hoy. Cuando escuchen mencionar uno de los objetos en la historia, tienen que levantar el respectivo sorbete. Practiquen antes de empezar.

Aliente a sus estudiantes a que se ayuden unos a otros a medida que vayas mencionando los seis objetos.

Para conseguir un efecto dramático al narrar la historia, cuelgue una toalla de baño o una paño largo sobre su cabeza y hombros; asegúrela con una corbata o con una bufanda.

Los objetos mencionados en la historia están en negrilla. Enfatícelos cuando vayas leyendo para indicarles a la clase que muevan el sorbetes que corresponda.

Yo soy el sirviente de Abraham. He venido a narrarles la historia de cómo Dios escuchó mi oración.

Cuando Abraham decidió que era tiempo de que su hijo Isaac se casara, Abraham me hizo prometerle que iría hasta su tierra natal para conseguir una esposa para Isaac.

"¿Qué pasa si la jovencita no quiere venir?", le pregunté. "¿Debo llevar a Isaac allá para que la conozca?"

"¡Definitivamente no!", dijo Abraham. "Dios me pidió que dejara a mis padres, mi casa y mi tierra para venir aquí, así mis hijos tendrían esta tierra. Isaac no debe salir de aquí."

Entonces Abraham me dijo que si no podía traer a una esposa, él me liberaría de mi promesa. Pero yo no quería decepcionarlo.

Yo tomé diez **camellos** y buenos regalos como **brazaletes de oro y otras joyas**. Después de un largo viaje, llegué a la tierra natal de Abraham. Mis **camellos** y yo estábamos sedientos, así que nos dirigimos al **pozo** de la ciudad.

Yo oré: "Dios de Abraham, ayúdame a encontrar una esposa para Isaac. Dame una señal. Si una joven de la ciudad me deja beber de su **cántaro** y además me da agua para mis **camellos,** entonces sabré que esta joven es para Isaac.

De repente vi a una adorable joven dirigirse al **pozo**. Me apresuré hacia ella y le pregunté si podía beber un trago de agua de su **cántaro**. Ella me dio el **cántaro** y ofreció conseguirme agua del pozo para mis diez **camellos**.

¡Ésta era la señal de Dios! Con gran alegría le di un **anillo para la nariz** y dos gruesos **brazaletes de oro**.

Por supuesto, yo tenía que conocer a su familia, así que le pregunté, "¿Quién es tu padre? ¿Podría quedarme en tu casa esta noche?"

El nombre de la joven era Rebeca. Elle dijo que su padre era Betuel y que los **camellos** y yo podríamos quedarnos en su casa.

Cuando llegamos a su casa, ella corrió hasta adentro para enseñarles a su madre y a su hermano el **anillo para la nariz** y los **brazaletes**. Su hermano, Labán, salió de prisa para desensillar a los **camellos** y alimentarlos.

Rebeca y su madre me sirvieron algo de cenar. Yo no podía probar bocado sin hablarles primero acerca de las intenciones de Abraham de encontrar esposa para Isaac. Les dije que Dios había bendecido a Abraham con tierras, una gran fortuna y un hijo en su vejez. El padre de Rebeca creyó que Rebeca era parte del plan de Dios.

Les di j**oyas** finas, ropa y adornos como regalo de Abraham. Aun cuando la familia estaba dispuesta a entregar a Rebeca para que fuera la esposa de Isaac, querían esperar un poco. Sin embargo, yo les dije que Dios me había ayudado y me había dado una señal, así que no podía esperar siquiera diez días.

Rebeca fue valiente al acceder a venir conmigo enseguida. A nuestro regreso, Isaac nos recibió. Él se casó con Rebeca y pronto le dijo que la amaba.

Cuando yo, un humilde sirviente, le pedí ayuda a Dios, él escuchó mis oraciones. ¡Gracias sean dadas a Dios!

Podemos ir ante Dios por ayuda

Escoja una o más actividades para sumergir a sus estudiantes en la historia bíblica.

Materiales:
Reproducible 3B
lápices
opcional: tijeras, cinta adhesiva transparente

Accesorios de Zona®:
ninguno

Secuencia de la historia

Entregue a cada estudiante un lápiz y una copia del **Reproducible 3B**. Explíqueles que las imágenes de la historia de hoy no están en orden y pídales que las numeren del uno al seis, siguiendo el orden en la historia. Pida que se ayuden unos a otros. Instrúyales a que recorten los cuadros y que los peguen con cinta adhesiva en el orden correcto.

Materiales:
pretzels torciditos en forma de corazón, los tradicionales

Accesorios de Zona®:
ninguno

Pretzels para la oración

Mientras sus estudiantes comen pretzels, cuénteles la leyenda del primer pretzel.

Diga: Hace mucho, mucho tiempo, un monje italiano estaba preocupado por los niños y las niñas de su parroquia porque no se estaban aprendiendo sus oraciones. Él quería ayudarles, pero no sabía cómo. Un día este monje estaba horneando pan, estaba amasando con los dedos un poco de masa cuando se le ocurrió una idea. Torció la masa en una forma que parecía unos brazos cruzados. Eso le recordó cómo los niños cruzaban firmemente los brazos sobre el pecho cuando oraban. Cuando horneó el bocadillo y lo probó, le gustó, así hizo una muchas más. A éstos nuevos bocadillos les llamó *pretiola*, que significa "pequeña recompensa", y se las dio a los niños que se aprendían las oraciones. Muy pronto todos empezaron a aprenderse las oraciones.

Pregunte: ¿Separas un tiempo cada día para orar? ¿Puedes pensar en alguna ocasión en que hayas hablado con Dios en oración? Muchos de nosotros tenemos tiempos en que oramos regularmente, como cuando nos vamos a dormir o a la hora de comer. A veces queremos hablar con Dios de inmediato, así que oramos en medio de todo lo que nos rodea en ese momento. Dios escucha sus oraciones, no importa la hora que sea, no importa donde estén y sin importar cómo acomoden sus manos y su cabeza. Sólo como un experimento, vamos a orar como lo hacían las personas en la leyenda que acabamos de escuchar. Cruce su brazo derecho hasta tocar su hombro izquierdo, luego cruce su brazo izquierdo hasta tocar su hombro derecho. Diga a sus estudiantes que hagan lo mismo y hágales notar cómo sus brazos y hombros están formando un pretzel.

Ore así: Señor Dios, por favor escucha y responde a nuestras oraciones. Amén.

 de Vida

Escoja una o más actividades para que la Biblia cobre significado en la vida diaria.

Celebra cantando

Pida a sus estudiantes que formen una fila india, y que pongan sus manos gentilmente en los hombros de quienes estén delante. Explíqueles que ahora ellos son una caravana de camellos y ayúdeles a practicar el caminar como caravana. Pídales que pisen primero en su pie derecho, para que todos lleven el mismo paso. El o la estudiante que encabece la línea dirigirá una caravana por todo el salón.

Toque el cántico "La familia de Abraham" **(disco compacto, pista 8)**, invitando a la clase a escucharla mientras caminan como caravana. Tóquelo una segunda vez, animándoles a cantar con usted. Repítalo una tercera vez y pida a la clase que esta vez canten fuerte.

Ahora invierta el orden de la caravana. Toque la música "Caravana de camellos" **(disco compacto, pista 27)**, permitiéndoles a sus estudiantes soltar los hombros del que tienen enfrente con el fin de que se puedan mover de cualquier manera que prefieran de acuerdo con la música, pero siguiendo la trayectoria general de quien encabeza la caravana.

La familia de Abraham

La Biblia habla de Abraham, de Abraham, de Abraham.
La Biblia habla de Abraham; él mucho amó a Dios.

Abraham tenía esposa, una esposa, una esposa.
Abraham tenía esposa; Sara era su nombre.

Sara tuvo un bebé, un bebé, un bebé.
Sara tuvo un bebé; le llamó Isaac.

Isaac tuvo un papá, un papá, un papá.
Isaac tuvo un papá; ese es Abraham.

LETRA: Evelyn M. Andre; trad. por Julito Vargas
MÚSICA: Fuente desconocida; arr. por Nylea L. Butler-Moore
© Graded Press; arr. © 1993; trad. © 2007 Abingdon Press, admin. por The Copyright Co., Nashville, TN 37212

Podemos ir ante Dios por ayuda.

Materiales:
tocadiscos de discos compactos

Accesorios de Zona®:
disco compacto

PRIMARIOS MENORES: LECCIÓN 3

 de Vida

Escoja una o más actividades para que la Biblia cobre significado en la vida diaria.

Materiales:
ninguno

Accesorios de Zona®:
ninguno

Vuelta y vuelta

Pida a sus estudiantes que se dispersen por el salón, manteniendo más de dos brazos de distancia entre cada uno de ellos. Pídales que escuchen cuidadosamente sus indicaciones, pause después de cada indicación.

Diga: Si buscas a Dios durante la escuela dominical, da una vuelta. Si buscas a Dios durante la alabanza, da dos vueltas. Si buscas a Dios durante las actividades de compañerismo, da tres vueltas. Si buscas a Dios durante las historias bíblicas, da cuatro veces. Si buscas a Dios en oración, date cinco vueltas.

Permítales descansar un momento.

Diga: Ahora den la vuelta en la dirección opuesta para las vueltas de oración. Si buscas a Dios para pedirle ayuda para ti mismo, date una vuelta. Si buscas a Dios para pedirle ayuda para un amigo, da dos vueltas. Si buscas a Dios para pedirle ayuda para tu familia, da tres vueltas. Si buscas a Dios para pedirle ayuda para tu iglesia, da cuatro vueltas . Si buscas a Dios para pedirle ayuda para el mundo entero, da cinco vueltas.

Materiales:
ninguno

Accesorios de Zona®:
pelotas flexibles de confeti

Cerremos la clase

Pida a sus estudiantes que formen un círculo de oración. Explíqueles que va a pasar dos **pelotas flexibles de colores** por el círculo. Cuando la primera pelota circule entre sus estudiantes, cada uno la apretará mientras piensa en silencio en algo por lo que requiere la ayuda de Dios. Cuando la segunda pelota esté circulando, cada estudiante la apretará y pensará silenciosamente en un amigo, amiga, o miembro de la familia que necesite la ayuda de Dios.

Cuando terminen, recoja ambas pelotas y póngalas a un lado. Pídales que junten las manos, que inclinen la cabeza y cierren los ojos. Explíqueles que cuando sientan un apretón de manos, lo deben pasar a la persona que sigue. Comience apretando la mano del niño o niña a su derecha y deje que el apretón recorra todo el círculo.

Ore así: Querido Dios, por favor escucha nuestras oraciones. Cada uno de nosotros necesita tu ayuda, y sabemos que otras personas también. Estamos felices de que siempre podamos buscarte. Amén.

*Entregue a cada estudiante una copia de Zona Casera®
para que se la lleve a sus papás o mamás.*

Zona Bíblica®

# Casera para padres

Versículo bíblico
¡Señor, Dios mío, mírame, respóndeme, llena mis ojos de luz!
Salmos 13:3

Historia bíblica
Génesis 24:1-67

En la historia bíblica de hoy, el sirviente más antiguo y de mayor confianza de Abraham es enviado en una misión para buscar a una esposa adecuada para Isaac, el hijo de Abraham, en la tierra de donde había salido su amo. El sabio sirviente busca a Dios pidiéndole una señal. Cuando Rebeca saca agua del pozo para el sirviente y sus camellos, él reconoce esta acción como la señal que el había pedido de Dios. ¡Ella es la elegida! Después de escuchar que Abraham había sido bendecido por Dios, Rebeca y su familia aceptan estos acontecimientos como la voluntad de Dios. Sin siquiera conocer al novio o a sus padres, a la mañana siguiente, Rebeca se pone en camino para contraer matrimonio.

Aunque el punto de la lección de hoy es dirigirnos a Dios en busca de ayuda, probablemente su hijo o hija pregunte acerca de las familias que envían a una hija a casarse con un extraño. Explíquele que las costumbres matrimoniales eran diferentes en tiempos bíblicos. Además trate de ayudar a su hijo a entender que en esas épocas la felicidad personal era considerada menos importante que la responsabilidad para con la familia. Asegúrele que usted quiere que su matrimonio esté lleno de amor y felicidad.

Curiosidades sobre los camellos

Una caravana de diez camellos fue parte de la historia bíblica del día de hoy. Aquí hay algunas curiosidades que compartir sobre los camellos:
En la Biblia se menciona al menos sesenta veces a los camellos.
Un dromedario tiene una joroba en su espalda. Un bactriano es más chico y tiene dos jorobas.
A los camellos se les llama los "barcos del desierto".
Los camellos mantienen el paso firme en terrenos difíciles.
Los camellos pueden recorrer grandes distancias bajo mucho calor.
Un dromedario puede retener entre 15 y 30 cuartos de galón de agua en las múltiples cámaras de su estómago. Dependiendo del calor, pueden andar de 5 a 25 días sin beber agua.

Oraciones de pretzels

Una leyenda dice que un monje italiano creó el primer pretzel con la forma de unos brazos en actitud de oración. En los tiempos medievales, cuando la gente oraba, solía cruzar los brazos sobre el pecho tomándose de los hombros. Los primeros pretzels significaban inspiración y recompensa para los niños que decían sus oraciones. Esta semana en la cena den gracias al estilo medieval: crucen el brazo derecho hasta tocar su hombro izquierdo, luego crucen el brazo izquierdo hasta tocar el hombro derecho. Noten cómo sus brazos y hombros toman la forma tradicional de un pretzel.

Podemos ir ante Dios por ayuda

Permiso de fotocopiado otorgado para uso de la iglesia local. © 2007 Abingdon Press.

PRIMARIOS MENORES: LECCIÓN 3

Objetos para los sorbetes de la historia

44   **Reproducible 3A**
Permiso de fotocopiado otorgado para uso de la iglesia local. © 2007 Abingdon Press.

ZONA BÍBLICA®

Secuencia de la historia

Lee la historia de Rebeca en Génesis 24. Acomoda las imágenes en orden, según como pasaron en la historia. Numera las imágenes del 1 al 6 (el 1 es para la primera escena y el 6 para la última).

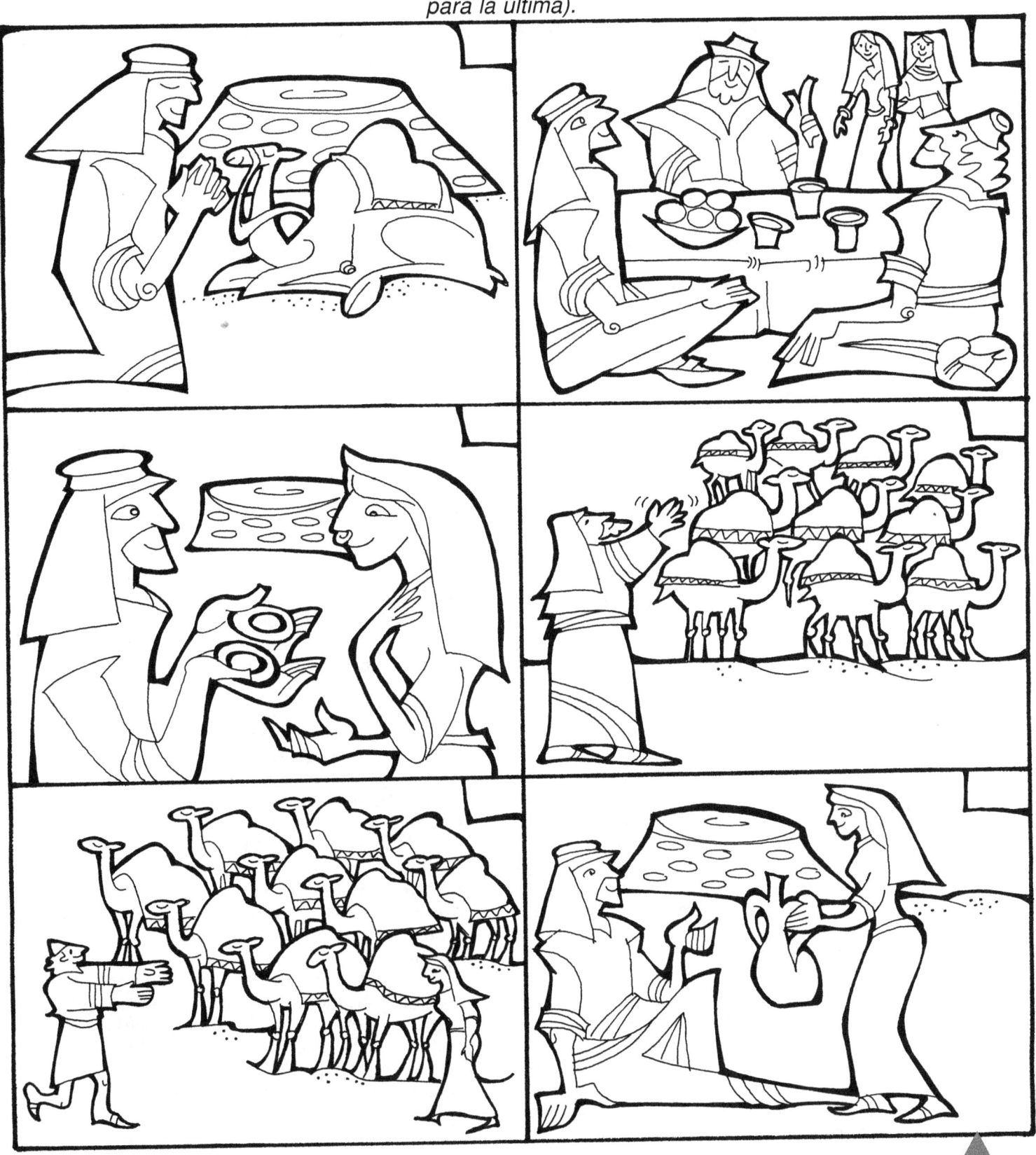

PRIMARIOS MENORES: LECCIÓN 3 **Reproducible 3B**
Permiso de fotocopiado otorgado para uso de la iglesia local. © 2007 Abingdon Press.

Jacob y Esaú

Entra a la ZONA

Versículo bíblico
Dios ha dado a cada uno diferentes dones.

1 Corintios 7:7

Historia bíblica
Génesis 25:19-34

La unión de Isaac y Rebeca trajo al mundo hijos gemelos. Cuando pensamos en esta historia, recordamos el favoritismo que cada padre mostraba hacia un hijo en particular; o cómo Jacob engañó a su padre ciego con el fin de él recibir la bendición destinada a Esaú; o la ocasión en que Esaú canjeó su primogenitura por un plato de lentejas. Sin embargo, la lección de hoy no se enfoca en las dificultades de la relación entre los gemelos. Más bien, hace hincapié en las similitudes y diferencias de los intereses y habilidades de los hermanos como una forma de señalar que todos nosotros somos especiales, cada quien con sus propios y dones que Dios le ha dado.

Como el guisado de lentejas de Jacob y la cacería de Esaú son una parte importante de la historia, la lección también destaca la comida de los tiempos bíblicos. La cacería era considerada por las personas ricas como un deporte; conducían carruajes tirados por caballos, acompañados por perros cazadores mientras cazaban venados, leones y otros animales grandes. La gente menos privilegiada usaba redes y trampas para atrapar a sus animales: osos, leones, chacales y zorros. La cazaba se utilizaba como un medio para eliminar a los depredadores que rondaban el ganado, para proveerse de comida, especialmente para aquellos que no poseían ganado, y por la emoción de la casería en si misma.

En las épocas bíblicas, la carne constituía un lujo en la dieta de los hebreos. La gente común comía pan, queso, y frutas que cosechaban, las comían frescas o en conserva. Dependiendo de la temporada, el estofado de Jacob pudo haber sido hecho con lentejas recién cosechadas o con habas secas. La gente cultivaba cebada, maíz, centeno y trigo en sus campos, así como varios tipos de haba y fríjol, ajos, cebollas, puerros, pepinos, melones, verduras y hierbas. Además cuidaban viñedos de uvas y huertos de higueras, granadas, olivos y manzanos.

A nuestra niñez quizá le costará trabajo entender que un guiso de lentejas, especialmente la variedad enlatada que se come el día de hoy, ¡sea motivo de tan gigantesca y duradera enemistad familiar! Muy pocos de ellos habrán experimentado verdadera hambre o la realidad de poca variedad al elegir los alimentos. La variedad y cantidad de alimentos disponibles en nuestros supermercados es fabulosa, especialmente para los visitantes del extranjero. Ayude a sus estudiantes a entender que, como una necesidad vital, la comida puede jugar un papel de suma importancia en las relaciones entre las personas y entre los países. Aprémieles a disfrutar los sabores de los deliciosos alimentos que están a su disposición, y a no dar por sentado que siempre los tendrán disponibles.

Somos especiales, cada quien con sus dones propios y únicos dados por Dios.

Vistazo a la

ZONA	TIEMPO	MATERIALES	ACCESORIOS DE ZONA
Acércate a la ZONA			
Hora de llegada	10 minutos	uvas o pasitas, cubitos de queso, aceitunas negras sin semilla, galletas de higo, rebanadas de pepino, almendras o pistachos, platos, servilletas	ninguno
Tus regalos	10 minutos	Reproducible 4A, lápices	ninguno
Desiré Desierto	5 minutos	ninguno	rana inflable
Zona Bíblica			
¿Cuál es la diferencia?	5 minutos	ninguno	ranas saltarinas, canicas, rana inflable, araña afelpada
En un guiso	10 minutos	ver página 49	ninguno
El espectáculo de los gemelos famosos	5 minutos	ninguno	ninguno
Trivia de gemelos	5 minutos	ninguno	ninguno
Somos especiales	5 minutos	Reproducible 4B, almohadilla de tinta, crayones, toallitas húmedas o toallas de papel humedecidas	ninguno
Zona Bíblica			
Celebra cantando	5 minutos	tocadiscos de discos compactos	disco compacto
Dones diferentes	5 minutos	ninguno	ninguno
Letanía de gratitud	5 minutos	ninguno	canicas

* Los Accesorios de Zona se encuentran en el **Paquete de DIVERinspiración**.

Acércate a la

Escoja una o más actividades para capturar el interés de sus estudiantes.

Materiales:
uvas o pasitas
cubitos de queso
aceitunas negras sin semillas
galletas de higo
rebanadas de pepino
almendras o pistachos
platos
servilletas
nueces

Accesorios de Zona®:
ninguno

Hora de llegada

Esta actividad está diseñada como una experiencia de degustación, no como una merienda. Lleve una pequeña porción de cada alimento, sólo lo suficiente para que cada estudiante pruebe todos los tipos de comida; por ejemplo, troce las galletas en mitades o en cuartos. Coloque las muestras sobre platos en el Maravillosos centro del desierto.

Conforme lleguen los niños y las niñas, recíbales llamándoles por nombre e invíteles a que prueben cada muestra. Cuando todos hayan probado todo, pregúnteles cuál alimento les gustó más y cuál menos. Pregúnteles si probaron un sabor que no hubiesen probado antes.

Materiales:
Reproducible 4A
lápices

Accesorios de Zona®:
ninguno

Tus regalos

Fotocopie con tiempo el **Reproducible 4A,** uno por estudiante.

Reparta las copias y los lápices. Invite a sus estudiantes que sigan las instrucciones dadas en el Reproducible. Al terminar, jueguen el juego de pararse y sentarse: ellos se pondrán de pie cada vez que usted mencione algo que ellos hayan seleccionado.

Diga: Es divertido verles pararse por cosas en las que son buenos y que disfrutan haciendo. Este es un momento muy especial en sus vidas en los que pueden explorar muchas de las cosas y actividades que les interesan. Ustedes no tienen que ser buenos en todo lo que hacen, pero nunca sabrán todos los dones o regalos que Dios les ha dado a menos que estén dispuestos a usarlos. Recuerden que ustedes son especiales, cada uno con sus propios regalos de Dios.

Materiales:
ninguno

Accesorios de Zona®:
rana inflable

Desiré Desierto

Reúna al grupo y tome a Desiré Desierto, la **rana inflable**.

Diga: Esta mañana Desiré Desierto me dijo que ella es excelente brincando. Le gusta dar saltos gigantes de hoja en hoja de nenúfar. Desiré saltará hacia ustedes esperando que le digan algo en lo que sean muy buenos o que realmente les guste hacer.

Pase a Desiré por todo el grupo, animando a cada estudiante a que tome un turno para hablar con ella.

Diga: A mí me gusta oírles hablar de sus diferentes talentos y habilidades, y a Desiré le gusta también. Cada uno de ustedes es especial, con sus propios dones o regalos que Dios les ha dado.

Escoja una o más actividades para sumergir a sus estudiantes en la historia bíblica.

¿Cuál es la diferencia?

Reparta las **ranas saltarinas**.

Diga: Miren a sus ranas saltarinas. Miren a la rana saltarina que la persona a su izquierda tiene en sus manos. Ahora miren a la rana saltarina de la derecha. ¿Se ven iguales o diferentes una de otra? (*Recoja las ranitas y déle a cada estudiante una canica; no de la canica más grande.*) **Miren de cerca su canica. Compárenla con la canica que la persona de la izquierda sostiene en las manos. Ahora compárenla con la canica de su derecha.** (*Explique que el diseño en el centro de la canica se llama "ojo de gato".*) **¿En qué se parecen las canicas?** (*Son redondas, tienen vidrio transparente alrededor del ojo de gato.*) **¿En qué son diferentes unas canicas de otras?** (*Los ojos de gato dentro de las canicas difieren un poco en color y forma.*)

Recoja las canicas. Ahora ponga a Desiré Desierto y a Pantanio Peludo lado a lado.

Pregunte: ¿Pueden pensar en algo en lo que se parezcan estos dos animales? (*Ellos representan criaturas verdaderas, son juguetes y son Accesorios de Zona®.*) **¿Cómo se diferencian?** (*Uno es peludo, de tela y es un arácnido; el otro es de plástico, inflable y es una rana.*) **Esas fueron buenas observaciones. Para la historia bíblica de hoy, prestemos atención a las semejanzas y diferencias de dos personajes, Jacob y Esaú. Estos dos hombres son los hijos de Isaac y Rebeca. Ustedes escucharán las formas en que ellos se asemejan y en las que se diferencian.**

Materiales:
ninguno

Accesorios de Zona®:
ranas saltarinas
canicas
rana inflable
araña afelpada

En un guiso

Corte el pan en cuartos. Abra la lata de sopa y descarte un poco del caldo. Sirve una generosa cucharada en un recipiente para cada estudiante.

Diga: En los tiempos bíblicos, la gente no acostumbraba usar cucharas ni tenedores para comer. En su lugar, ellos usaban pedazos de pan para sacar porciones de guisado de sus recipientes. Con cada bocado que sacaba, una persona también podía morder un poco de pan. Vamos a tratar de comer de ese modo, que se llama "remojar".

Entregue a cada niño y niña un plato de sopa de lentejas con un pedazo de pan encima, junto a una servilleta. Demuéstreles cómo recoger un poco de lentejas y luego morder el pan con las lentejas.

Diga: Ésta es una sopa de lentejas con un trozo de pan de pita; la gente solía comer esto en las épocas bíblicas. Hay una famosa historia en la Biblia acerca de un estofado de lentejas que causó muchos problemas entre dos hermanos, Jacob y Esaú.

Invite a sus estudiantes a probar la sopa.

Materiales:
sopa de lentejas (una lata por cada tres o cuatro niños)
un paquete de pan de pita o pan aplastado
recipientes pequeños
abrelatas
cuchara de servir
cuchillo
servilletas

Accesorios de Zona®:
ninguno

PRIMARIOS MENORES: LECCIÓN 4

Historia de la Zona Bíblica

El espectáculo de los gemelos famosos

Haga dos fotocopias de la historia antes de la clase. Escoja a dos lectores para que se hagan cargo de los parlamentos de Jacob y Esaú. Usted tomará el papel del entrevistador.

Coloque tres sillas en un pequeño semicírculo dando la cara al resto del grupo. Siéntese en la silla del centro, entre los estudiantes que hacen de los gemelos.

Pregunte: ¿La comida ha causado problemas alguna vez entre ustedes y sus hermanos, hermanas o amigos?

Comparta una historia de su propia infancia relacionada con comida y anime a sus estudiantes a compartir también sus historias relacionadas con la comida.

Diga: La historia de hoy trata de dos hermanos y de una comida que causó problemas entre ellos.

Entrevistador: Hola, bienvenidos al "Espectáculo de los gemelos famosos". Hoy tenemos con nosotros a los famosos gemelos de la Biblia, ¡Esaú y Jacob! ¡Bienvenidos! Jacob, empezaré contigo. ¿Estás seguro de que ustedes dos son gemelos? No se parecen mucho que digamos.

Jacob: Es verdad. Esaú es muy velludo, y yo soy lampiño, no tengo tantos vellitos como él. Pero sí, somos gemelos.

Entrevistador: Así que, ¿quiénes son sus padres, Esaú?

Esaú: Isaac y Rebeca. Nuestro abuelo, Abraham, era muy famoso.

Entrevistador: ¿Quién de los gemelos nació primero?

Jacob: Mi hermano, Esaú. Los adultos dijeron que yo nací agarrando su talón.

Entrevistador: Mientras crecían, chicos, ¿hacían todo juntos?

Esaú: ¿Estás bromeando? A Jacob nunca le gustó estar afuera tanto como a mí. A mí me gustaba caminar y cazar en el desierto.

Jacob: A mí me gustaba quedarme cerca de casa. Había muchas cosas interesantes que hacer allí.

Entrevistador: ¿En qué clase de cosas eras bueno, Esaú?

Esaú: Encontrando manantiales de agua, siguiendo huellas de animales, buscando bayas silvestres y miel, y lanzando flechas con mi arco.

Entrevistador: ¿Y qué hay acerca de ti, Jacob?

Jacob: Yo soy un gran cocinero. Me gusta cultivar mis propias hierbas y verduras.

Entrevistador: Parece que, aunque son hermanos, son muy diferentes.

Esaú: Sí, somos diferentes. Yo creo que soy una persona más simpática que Jacob.

Entrevistador: ¿Qué quieres decir?

Esaú: Una vez llegué a la casa con tanta hambre, que pensé que moriría. Olí uno de los sabrosos guisados de Jacob, pero él no me quería dar nada de comer hasta que yo renunciara a mi primogenitura, o sea a mis derechos por ser el primer hijo en nacer.

Entrevistador: ¿Qué dices a eso, Jacob?

Jacob: Nosotros somos hermanos, nacimos juntos. ¿Por qué no podíamos ser los dos dueños de la tierra, las carpas y los animales algún día? Sólo porque él nació unos minutos antes que yo no debería significar que él lo recibiría todo. Por eso yo lo manipulé para que renunciara a su primogenitura.

Entrevistador: Tengo la sensación de que ustedes dos resolverán sus problemas algún día. Ambos son talentosos y disfrutan lo que hacen. Es importante descubrir sus habilidades e intereses. Los dos son especiales, cada uno con sus propios y únicos regalos que Dios les ha dado. Gracias por venir a nuestro programa del día de hoy. Aquí termina una emisión más del "Espectáculo de los gemelos famosos". Hasta luego.

Somos especiales, cada quien con sus dones propios y únicos dados por Dios.

Escoja una o más actividades para sumergir a sus estudiantes en la historia bíblica.

Materiales:
ninguno

Accesorios de Zona®:
ninguno

Trivia de gemelos

Repase la historia jugando este juego. Cuando termine la entrevista, levántese de su asiento pero deje a sus lectores, Esaú y Jacob, sentados en sus sillas. Conforme lea los datos o trivia de la historia, los niños y las niñas del "público" deben identificar y repetir el nombre del gemelo correspondiente a la vez que corre hasta donde se encuentre.

Pregunte: ¿Quién era muy velludo? (*Esaú*) **¿Quién era feliz en casa?** (*Jacob*) **¿Quién nació primero?** (*Esaú*) **¿Quién pensaba que su hermano no era muy simpático que digamos?** (*Esaú*) **¿Quién era un gran cocinero?** (*Jacob*) **¿Quién era un gran cazador?** (*Esaú*) **¿Quién manipuló a su hermano para que cambiara su primogenitura por un plato de lentejas?** (*Jacob*) **¿Quién estaba agarrando el talón del otro al momento de nacer?** (*Jacob*) **¿Quién tenía habilidades en el campo abierto?** (*Esaú*) **¿Quién tenía habilidades en la casa?** (*Jacob*) **Ahora, una pregunta capciosa: ¿Quién tenía dones (regalos) de Dios?** (*Esaú y Jacob*).

Pida a la clase que se siente.

Diga: Les felicito por ser tan buenos escuchando, lo cual es otra buena destreza o habilidad.

Materiales:
Reproducible 4B
almohadilla para tinta
crayones
toallitas húmedas o toallas de papel humedecidas

Accesorios de Zona®:
ninguno

Somos especiales

Fotocopie el **Reproducible 4B** antes de la clase; una copia por estudiante. Entrégueles las copias y los demás materiales.

Pídales que tomen, entre sus compañeros, cuatro huellas digitales del dedo pulgar en sus hojas, junto con la firma (nombre de pila) de cada persona que contribuya con una huella. Cuando terminen de intercambiar huellas, use una toallita húmeda o una toalla de papel humedecida para limpiarles los dedos. Luego pídales que les añadan ojos, sonrisa, pelo, brazos y piernas a cada huella para que la conviertan en Cuerpulgar.

Diga: Cada uno de nosotros tiene su propio juego de huellas digitales. Las huellas digitales de una persona son exclusivamente suyas; no existen otras iguales. Todas las personas son Cuerpulgar-especiales. Tú tienes tu propio juego de dones (regalos) únicos que Dios te dio.

Llame a cada uno de sus estudiantes y **diga:** (*Nombre del niño o de la niña*) es cuerpulgar especial.

ZONA BÍBLICA®

 de Vida

Escoja una o más actividades para que la Biblia cobre significado en la vida diaria.

Celebra cantando

Pida a sus estudiantes que formen un círculo y se tomen de las manos. Diríjales para que se muevan a la derecha en el primer verso de la canción, a la izquierda en el segundo verso, y así sucesivamente.

Toque el cántico "La familia de Abraham" **(disco compacto, pista 8)**, e invíteles a que canten junto a usted mientras se mueven en círculo.

Explique que el quinto verso fue escrito especialmente para la historia de hoy. (Este verso no está grabado en el **disco compacto**.) Cante el nuevo verso para ellos usando la misma tonada de la canción:

Padre de gemelos, gemelos, gemelos;
Isaac fue el padre, de Jacob y Esaú.

Diríjales al cantar el nuevo verso, luego toque nuevamente "La familia de Abraham", añadiéndole el quinto verso y dando vuelta hacia la derecha.

La familia de Abraham

La Biblia habla de Abraham, de Abraham, de Abraham.
La Biblia habla de Abraham; él mucho amó a Dios.

Abraham tenía esposa, una esposa, una esposa.
Abraham tenía esposa; Sara era su nombre.

Sara tuvo un bebé, un bebé, un bebé.
Sara tuvo un bebé; le llamó Isaac.

Isaac tuvo un papá, un papá, un papá.
Isaac tuvo un papá; ese es Abraham.

LETRA: Evelyn M. Andre; trad. por Julito Vargas
MÚSICA: Fuente desconocida; arr. por Nylea L. Butler-Moore
© Graded Press; arr. © 1993; trad. © 2007 Abingdon Press, admin. por The Copyright Co., Nashville, TN 37212

Materiales:
tocadiscos de discos compactos

Accesorios de Zona®:
disco compacto

 de Vida

Escoja una o más actividades para que la Biblia cobre significado en la vida dia-

Materiales:
ninguno

Accesorios de Zona®:
ninguno

Dones diferentes

Diga: En la historia de hoy, Jacob y Esaú tenían regalos o dones diferentes. Dios nos ha regalado dones a todos. Eso me recuerda un versículo bíblico: "Dios ha dado a cada uno diferentes dones" (1 Corintios 7:7). Repitámoslo juntos. (*Pause*) Ahora, lo repetirán las niñas. (*Pause*) Ahora, los niños. (*Pause*) Ahora ¡todos juntos otra vez! (*Pause*)

Materiales:
ninguno

Accesorios de Zona®:
canicas

Letanía de gratitud

Para la oración final, entregue a cada estudiante tres o cuatro **canicas**. Invíteles a que sacudan y hagan sonar las canicas en sus manos a la vez que repitan el responso de la oración. Cada vez que usted haga una pausa deberán repetir el siguiente responso: "Dios nos hizo especiales". Practiquen primero un par de veces y luego comiencen.

Ore así:
Querido Dios, estamos contentos porque hiciste único a cada uno de nosotros.
Dios nos hizo especiales.
(*Agiten las canicas.*)

Estamos contentos por los regalos, talentos y habilidades que nos has dado.
Dios nos hizo especiales.
(*Agiten las canicas.*)

Apreciamos quienes somos.
Dios nos hizo especiales.
(*Agiten las canicas.*)

Disfrutamos las cosas parecidas y las distintas entre nosotros.
Dios nos hizo especiales.
(*Agiten las canicas.*)
Amén.

Somos especiales, cada quien con sus dones propios y únicos dados por Dios.

Haga una copia de Zona Casera® para cada estudiante.

# Casera para padres

Versículo bíblico
Dios ha dado a cada uno diferentes dones.
1 Corintios 7:7

Historia bíblica
Génesis 25:19-34

Isaac y Rebeca fueron padres de gemelos. Cada uno tenía diferentes atributos, preferencias y habilidades, a pesar de haber compartido el momento de su nacimiento. La lección de hoy recalcó que Jacob y Esaú eran únicos, cada uno con dones (regalos) dados por Dios. Nuestros niños y nuestras niñas luchan con los términos de "igual" y "diferente". Tanto los unos como las otras quieren justicia, que interpretan como igualdad, y también se esfuerzan por ser especiales con su forma individual de destacarse dentro de un grupo. Enséñele a su hijo o hija acerca de sus destrezas, intereses y dones que Dios le ha dado. Dígale por qué usted cree que es especial. Pregúntele con gentileza si ha tendido problemas de celos o si ha sido justo con él o ella.

Una cena para remojar

Hoy su hijo aprendió sobre una comida de los tiempos bíblicos que se comía usando un pedazo de pan aplastado para recoger cada bocado. Esta manera de comer, llamada "remojar", no requiere cuchara, ni tenedor, ni cuchillo. Planee una cena remojada con el pan aplastado hecho en casa, con pan de pita, con una tortilla doblada o tortillitas (chips). Sirva un estofado o sopa espesa, una riquísima salsa, aperitivos cremosos en un plato todo en uno, puré o jalea; o bien, una lata de maíz, media lata de frijoles negros o bayos refritos y una taza de crema agria, todo revuelto, ¡y a disfrutar!

Pan aplastado hecho en casa (como en la época bíblica)

Esta amigable receta para los niños y las niñas es divertida de hacer y de comer.

3 ½ tazas de harina de trigo
½ cucharadita de polvo para hornear
1 cucharadita de sal
½ taza de mantequilla, suavizada
1 taza de leche

Combina los ingredientes secos en un recipiente, luego mézclalos con la mantequilla con un cuchillo tenedor o pastelero. Añade la leche, moviendo hasta que el líquido esté combinado por completo.

Forma ocho bolitas con la masa y aplástalas con las manos o con un rodillo hasta que queden círculos de seis pulgadas de diámetro aproximadamente y cerca de ⅛ de pulgada de espesor. Hornea a 350 grados durante quince minutos más o menos, hasta que estén doraditos.

Somos especiales, cada quien con sus dones propios y únicos dados por Dios.

Tus dones

*Encierra en un círculo las cosas en las que eres bueno.
Haz una oración de gratitud a Dios por esos dones.*

Somos especiales

Toma las huellas digitales de cuatro amigos o amigas. Pídele a cada amigo que ponga la huella de su dedo pulgar dentro de un recuadro, y luego escribe su nombre. Ponle ojos, pelo, brazos, piernas y una sonrisa a cada huella de pulgar para volverlo ¡un Cuerpulgar!

Yo soy _____.
¡Soy Cuerpulgar-especial!

Yo soy _____.
¡Soy Cuerpulgar-especial!

Yo soy _____.
¡Soy Cuerpulgar-especial!

Yo soy _____.
¡Soy Cuerpulgar-especial!

PRIMARIOS MENORES: LECCIÓN 4

Reproducible 4B

5 ZONA Bíblica
La escalera de Jacob

Entra a la ZONA

Versículo bíblico
Voy a cuidarte por dondequiera que vayas.
Génesis 28:15

Historia bíblica
Génesis 28:1-22

¿Eres una persona que recuerda sus sueños? ¿Sueñas a colores? ¿Tus sueños contienen pedacitos revueltos de tu día? ¿Ocasionalmente tus sueños parecen significativos? ¿Alguna vez te has sentido guiado por un sueño? Los sueños son de gran interés para algunas personas, pero apenas reconocidos por otras. Como estudiante de la Biblia, encontrarás historias en las cuales los sueños son mensajes divinos dados para informar, guiar, aconsejar y avisar.

Dios envía tales sueños a sus elegidos. En la historia de hoy, Jacob, en sueño, ve una escalera llena de ángeles y también ve que Dios estaba junto a él y le promete que le daría la tierra donde estaba acostado y que no le abandonaría sin cumplir lo prometido. A José, el esposo de María, se le encomendó, en un sueño, que desposara a la madre virgen y se le indicó cómo llamar al niño cuando naciera. Daniel tenía sus propios sueños e interpretaba los sueños de otras personas. Dios también le daba sueños a las personas menos esperadas. Un faraón llamó a José, el hijo de Jacob, para que interpretara los sueños que Dios le había dado concernientes a los años de abundancia que precederían a la hambruna; el rey Abimelec se convenció con un sueño de devolverle a Sara a Abraham; y el rey Nabucodonosor tenía sueños que agobiaban su espíritu y le impedían dormir bien. Ya sea que en estos sueños Dios hablara claramente o en imágenes que requirieran interpretación, su importancia queda clara puesto que cambian vidas y el curso de los acontecimientos humanos.

Sus estudiantes se complacerán en el sueño de la historia de hoy que describe una linda escena, junto con palabras de aliento y confianza por parte de Dios. A los niños y a las a niñas les gustan los sueños agradables, especialmente los suyos, aquellos en los que toman parte su caricatura favorita, juegan con un cachorrito que anhelan, o continúan un juego que empezaron ese día con un amigo. Ellos también están familiarizados con los sueños malos, que son su terror nocturno, alucinaciones febriles, o noches sin descanso llenas de tristeza y temor. Como Jacob, los niños y las niñas quieren regocijarse en sus sueños felices; y como Nabucodonosor, quieren liberarse de los problemáticos.

Si alguien en su grupo cuenta un sueño, asuma una actitud de atención respetuosa, pues las visiones nocturnas de la niñez pueden ser muy vívidas y parecer reales. Confórteles cuando lo necesiten, ría cuando sea oportuno y escuche con interés.

Dios cuida de nosotros.

Vistazo a la

ZONA	TIEMPO	MATERIALES	ACCESORIOS DE ZONA®
Acércate a la ZONA®			
Hora de llegada	10 minutos	una roca para cada estudiante, crayones o marcadores de tinta permanente	ninguno
Habla con Desiré Desierto	5 minutos	ninguno	rana inflable
Zona Bíblica®			
Sube la escalera	5 minutos	cinta adhesiva para paquete	ninguno
El viaje de Jacob	5 minutos	ninguno	ninguno
Haz la escalera	5 minutos	Reproducible 5A, perforadora, tijeras, crayones (opcional: cartulina)	ninguno
Abrazos de oso	5 minutos	ninguno	pinzas de oso koala
Zona de Vida			
Celebra cantando	5 minutos	tocadiscos de discos compactos, cintas o papel crepé	disco compacto
Hacer un móvil	5 minutos	Reproducible 5B, conitos de papel, crayones, tijeras, hilo de tejer, cinta adhesiva	ninguno
Oración	5 minutos	ninguno	jeep de safari

* Los Accesorios de Zona® se encuentran en el **Paquete de DIVERinspiración®**.

Acércate a la

Escoja una o más actividades para capturar el interés de sus estudiantes.

Materiales:
una roca para cada estudiante
marcadores de tinta permanente

Accesorios de Zona®:
ninguno

Hora de llegada

Antes de la clase, coloque rocas y plumas o marcadores de tinta permanente en el Maravilloso centro del desierto.

Reciba a sus estudiantes según lleguen y diríjales al Maravilloso Centro del Desierto para que seleccionen una de las rocas. Dígales que escriban sus iniciales en la roca y que las dejen en el centro para que se sequen.

Diga: Hay muchas piedras en el desierto. Muchas de ellas son muy ordinarias, pero las piedras de nuestro Maravillosos centro de desierto no son ordinarias; ahora son especiales porque ustedes las eligieron. A mediados de los años setenta, salió a la venta un nuevo y tonto artículo en las tiendas; se llamaba Pet Rock, o Roca la Mascota. La gente compraba rocas mascotas porque era divertido pensar lo fácil que era cuidar de una vil roca vieja en vez de cuidar a una mascota de verdad.

Pregunta: ¿Cuál es la diferencia entre cuidar una roca y cuidar a un perro o a un gato? (*Los animales necesitan comida, agua, afecto, aseo y protección.*) **En la historia bíblica de hoy escucharán sobre una piedra que fue especial para Jacob. Esta piedra se convirtió en el recordatorio de un sueño en el cual Dios prometió cuidar de Jacob. Su roca mascota es un recordatorio de que Dios cuida de ustedes también.**

Materiales:
ninguno

Accesorios de Zona®:
rana inflable

Habla con Desire Desierto

Lleve con usted a Desiré Desierto, la rana inflable, mientras reúne al grupo formando un círculo.

Diga: Desiré Desierto me ha contado que una vez ayudó a una rana más joven para que aprendiera a saltar en las hojas de los nenúfares. La rana pequeña estaba cansada de nadar, y Desiré se dio cuenta de que necesitaba una lección de salto. Ahora Desiré quiere que le cuenten cómo ustedes se han preocupado por otra persona.

Pase a Desiré por todo el círculo, cuidando que cada estudiante tenga su turno de sostener a Desiré y contarle cómo se ha preocupado por otras personas.

Diga: Es maravilloso escuchar todas las formas en que se han preocupado por otras personas. Dios se preocupa por nosotros de muchas maneras.

Escoja una o más actividades para sumergir a sus estudiantes en la historia bíblica.

Sube la escalera

Prepare este juego antes de la clase usando cinta adhesiva para paquetes para trazar en el suelo algo parecido a una escalera. El ancho de la escalera debe ser de tres o cuatro pies, y el largo de unos seis o siete pies. Trace seis escalones o travesaños con espacios de doce o quince pulgadas entre ellos.

Alinee a dos o tres estudiantes en un extremo de la escalera, que será su base. La meta es subir hasta arriba de la escalera para alcanzar la casita del árbol. Le va a dar el primer bloque de instrucciones al primer grupo, el segundo bloque de instrucciones al segundo grupo y el tercer bloque al tercer grupo. Si tiene más grupos de estudiantes para subir la escalera, puede repetir uno de los bloques o improvisar. Juegue hasta que todos hayan participado.

Diga: *(Bloque uno)* Está empezando a llover. Sube la escalera cuatro escalones. ¡Oh, cayó un rayo!; baja tres escalones. A pasado la tormenta; sube un escalón. Los saltamontes están tratando de saltar a tus zapatos; sube un escalón. ¡Oh, ahora hay un enjambre de moscas!; baja un escalón. Bien, las ranas se comieron a todas las moscas; sube tres escalones. ¡Qué barbaridad, el viento está soplando muy fuerte!; baja un escalón. Sí, las tres ramas del árbol han dejado de batirse; sube dos pasos. Una ardilla está castañeteando encima de ustedes; baja un escalón. ¡Se ha ido!; sube dos escalones y entra a la casita del árbol. ¡Llegaste! *(Bloque dos)* Estás persiguiendo a una mariposa; sube tres escalones. Se ha posado en una rama; sube otros dos pasos. ¡Ay, la perdieron! y ahora una ardilla está dejando caer bellotas en tu cabeza; baja tres escalones. La ardilla brincó a otro árbol; sube dos escalones. ¡Ay, te resbalas en un escalón!; baja un escalón. Tu amigo te está saludando desde la casita; sube un escalón. ¡Oh, no, se te cayó la merienda que llevabas para comer!; baja tres escalones. ¡Ahí está la mariposa otra vez!; sube cuatro escalones. Decides dejar volar a la mariposa, así que quédate donde estás. Tus amigos te dan la mano para que subas a la casita del árbol; sube dos escalones. ¡Llegaste! *(Bloque tres)* Escuchas que todos se están divirtiendo en la casita del árbol; sube cinco pasos. Olvidaste tu cámara; baja cuatro escalones. Tomas una estupenda foto de una ardilla enojada; baja dos escalones. ¡Auxilio, la ardilla va a saltar hacia ti!; baja un escalón. El perro ahuyenta a la ardilla; sube dos escalones. ¡Ay, no!, el perro está saltando a la escalera; baja un escalón. El perro se aleja persiguiendo a una libélula; sube dos escalones. Tus amigos te tiran un globo lleno de agua y explota; baja dos escalones. Les tomas una foto chistosa; sube tres escalones. Subiste al final de la escalera. Da un brinco y entra a la casa. ¡Llegaste!

Cuando el juego termine, explique que en la historia bíblica de hoy, Jacob soñó con una escalera. Al despertar, Jacob dijo que como Dios le había prometido en el sueño que estaría con él y lo cuidaría, él honraría a Dios.

Diga: Dios cuidó de Jacob, y de la misma manera cuida de nosotros.

Materiales:
cinta adhesiva para paquetes

Accesorios de Zona®:
ninguno

PRIMARIOS MENORES: LECCIÓN 5

Historia de la Zona Bíblica

El viaje de Jacob

> Reúna a sus estudiantes formando un círculo. Pregunte si alguien ha jugado el juego de "Yendo a cazar osos". Dígales que la historia de este día es una versión bíblica de ese juego.
>
> Explique que mientras usted lee la historia del viaje de Jacob, todos van a participar haciendo unos sencillos movimientos. El movimiento que se usará con más frecuencia es dar palmaditas sobre los muslos, derecha, izquierda, derecha, izquierda. La frase *no poder* es la señal para observar el nuevo movimiento.
>
> Enfatice que va a leer una frase, y todos van a responder dándose palmadas o con otro movimiento.

Soy Jacob. (*Palmadas, derecha, izquierda, derecha, izquierda.*)
Voy a ver a mi padre. (*Palmadas.*)
Mi padre me bendice. (*Palmadas.*)
Y él me dice, (*Palmadas.*)
"Vete de viaje. (*Palmadas.*)
Busca esposa tú mismo". (*Palmadas.*)
No lo puedo ignorar.
(*Poner las manos sobre los ojos.*)
No lo puedo olvidar.
(*Encogerse de hombros.*)
Lo tengo que obedecer.
(*Saludar con la mano.*)

Emprendo mi viaje. (*Palmadas.*)
Llego a un desierto. (*Palmadas.*)
Subo a altas colinas. (*Palmadas.*)
Bajo por agrestes caminos. (*Palmadas.*)
Cruzo algunos arroyos. (*Palmadas.*)
Es un enorme desierto. (*Palmadas.*)
No puedo ir por debajo de él.
(*Cavar.*)
No puedo ir por encima.
(*Escalar.*)
Tengo que ir a través de él.
(*Marchar.*)

Voy hacia Harán. (*Palmadas.*)
Está cayendo el sol. (*Palmadas.*)
El cielo se oscurece. (*Palmadas.*)
Tropiezo con una piedra. (*Palmadas.*)
Me doy contra una roca. (*Palmadas.*)
Tal vez estoy perdido. (*Palmadas.*)
No puedo ver por dónde voy.
(*Poner las manos sobre los ojos.*)
No puedo seguir caminando.
(*Marchar.*)
Voy a tener que dormir aquí.
(*Apoyar la cabeza en las manos.*)

Pongo mi bolsa en el suelo. (*Palmadas.*)
Encuentro un lugar planito. (*Palmadas.*)
Me acuesto allí. (*Palmadas.*)
Realmente me hace falta una almohada. (*Palmadas.*)
Busco a tientas en mi campamento. (*Palmadas.*)
No puedo encontrar pasto suave.
(*Palmadas en el aire.*)
No puedo encontrar hojas secas.
(*Sacar con una pala.*)
Tengo que usar una roca.
(*Remolcar o tirar con fuerza.*)

Por fin me quedo dormido. (*Palmadas.*)
Empiezo a soñar. (*Palmadas.*)
Veo una escalera. (*Palmadas.*)
Ángeles suben. (*Palmadas.*)
Ángeles bajan. (*Palmadas.*)
No puedo subir con ellos.
(*Escalar.*)
No puedo bajar con ellos.
(*Marchar.*)
Tengo que conformarme con verlos.
(*Ahuecar las manos alrededor de los ojos.*)

De pronto Dios me habla, (*Palmadas.*)
"Yo estaré contigo. (*Palmadas.*)
Te daré esta tierra, (*Palmadas.*)
La tierra en la que duermes. (*Palmadas.*)
Iré contigo (*Palmadas.*)
Y te cuidaré. (*Palmadas.*)
No te puedo ignorar.
(*Poner las manos sobre los ojos.*)
No te puedo olvidar.
(*Encogerse de hombros.*)
Tengo que cuidar de ti".
(*Cruzar los brazos sobre el pecho.*)

Luego me despierto (*Palmadas.*)
Y recuerdo mi sueño. (*Palmadas.*)

Éste es un lugar sagrado. (*Palmadas.*)
Éste es el lugar de Dios. (*Palmadas.*)
Voy a acomodar una piedra (*Palmadas.*)
Como si fuera un pilar. (*Palmadas.*)
Voy a consagrar esa piedra. (*Palmadas.*)
No puedo verter aceite debajo de ella.
(*Cavar.*)
No puedo verter aceite alrededor de ella.
(*Mover la mano en círculo.*)
Tengo que verter aceite sobre ella.
(*Inclinar la mano como para verter.*)

Lo prometeré a Dios (*Palmadas.*)
Recordar estas palabras. (*Palmadas.*)
Dios está conmigo. (*Palmadas.*)
Dios me cuida. (*Palmadas.*)
Dios me alimenta. (*Palmadas.*)
Y como también me da ropa, (*Palmadas.*)
Honraré a Dios. (*Palmadas.*)
No puedo ignorar a Dios.
(*Poner las manos sobre los ojos.*)
No puedo olvidar a Dios.
(*Encogerse de hombros.*)
Porque Dios cuida de mí.
(*Cruzar los brazos sobre el pecho.*)

 **Dios cuida de nosotros.**

Escoja una o más actividades para sumergir a sus estudiantes en la historia bíblica.

Materiales:
Reproducible 5A
perforadora
tijeras
crayones
opcional: cartulina

Accesorios de Zona®:
ninguno

Haz la escalera

Fotocopie con tiempo el **Reproducible 5A,** uno por estudiante. Si es posible, saque las copias en cartulina para hacer las piezas más firmes.

Pídales que coloreen sus copias. Proveáles el resto de los materiales.

Ensamble el proyecto. Pida a sus estudiantes que sigan estos sencillos pasos: 1-recorten la escalera y el panel de ángeles con todo y las alitas. 2-hagan una perforación en el extremo de la línea que recorre los escalones. 3-inserten una punta de sus tijeras en una de las perforaciones que acaban de hacer, cortando a lo largo de la línea hasta la otra perforación. 4-inserten la alita del panel de ángeles dentro de la ranura de la escalera. ¡Y a deslizar los ángeles!

Después de que hayan jugado con sus escaleras, repase la historia.

Pregunte: ¿Por qué Jacob se fue de viaje? (*Para buscar una esposa.*) **¿Qué le hizo detenerse?** (*Ya había oscurecido.*) **¿Qué usó como almohada?** (*Una roca.*) **¿Soñó algo?** (*Sí, ángeles que subían y bajaban por una escalera.*) **¿Alguien habló con él en el sueño?** (*Sí, Dios.*) **¿Qué dijo Dios?** (*Te daré esta tierra, iré contigo, te cuidaré.*) **¿Por qué haría Dios esto por Jacob?** (*Porque Dios lo amaba.*) **Dios cuidó de Jacob. Dios cuida de nosotros también.**

Materiales:
ninguno

Accesorios de Zona®:
pinzas de oso koala

Abrazos de oso

Tome las **pinzas de oso koala**.

Diga: Estos lindos osos koala son buenos dando abrazos; van a abrazar tus dedos o tu ropa. A los osos les gustaría abrazarte dondequiera que vayas. (*Demuestra cómo abrazan los osos al prenderlos de su ropa.*) **En la historia de hoy, Dios le dijo a Jacob, "Voy a cuidarte por dondequiera que vayas"; éste es nuestro versículo bíblico.**

Pida a sus estudiantes que repitan el versículo después de usted varias veces. Divida al grupo en dos filas. Prenda los osos koala en la camisa o traje de aquellos estudiantes que encabecen la fila y dígales que van a pasar un "abrazo de oso" a la siguiente persona en la fila prendiendo al koala en los dedos o en su ropa. Cuando lo hayan hecho, todos dirán el versículo. Continúen hasta que todos hayan recibido su abrazo de oso.

Diga: Permitan que estos abrazos de oso les recuerden que Dios les cuida y está con ustedes dondequiera que vayan.

 de Vida

Escoja una o más actividades para que la Biblia cobre significado en la vida diaria.

Celebra cantando

Entregue a cada estudiante una cinta o papel crepé. Invíteles a que escuchen con atención la letra de "Yo estaré contigo" **(disco compacto, pista 11)** mientras ondean sus cintas. Toque el cántico otra vez animando a los niños y a las niñas a que canten junto a usted y a moverse por el salón mientras ondean sus cintas.

Tóquelo una última vez y pida a sus estudiantes que cierren los ojos, ondeen sus cintas y canten a la vez.

Estaré siempre contigo

Estaré siempre contigo.
Recuerda.
Mi protección te daré.
Recuerda.
Y a esta tierra te traeré.
Recuerda.

LETRA: Génesis 28:15; trad. por Carmen Saraí Pérez
MÚSICA: June Fisher Armstrong
© 1990; trad. © 2007 CRC Publications. Todos los derechos reservados

Materiales:
tocadiscos de discos compactos
cintas o papel crepé

Accesorios de Zona®:
disco compacto

 **Dios cuida de nosotros.**

 de Vida

Escoja una o más actividades para que la Biblia cobre significado en la vida diaria.

Materiales:
Reproducible 5B
Vasos (o conos) de papel
crayones
tijeras
hilaza
cinta adhesiva transparente

Accesorios de Zona®:
ninguno

Hacer un móvil

Fotocopie el **Reproducible 5B** del móvil "A donde tú vayas"; una por estudiante.

Diga: Para ayudarnos a recordar que Dios cuida de nosotros, vamos a armar unos móviles.

Reparta copias del reproducible. Pídales que identifiquen las ilustraciones y luego que las coloreen, asimismo el estandarte. Mientras trabajan, prepare los vasos de papel como las bases de los móviles. La base del conito de papel va en lo alto del móvil. En el borde de cada conito, pegue cuatro tiras de hilo de tejer de doce pulgadas, espaciadas equitativamente. Cuando termine, entregue un conito a cada estudiante.

Cuando terminen de colorear, pídales que recorten el estandarte y las ilustraciones. Déles cinta adhesiva y pídales que peguen cada ilustración en el extremo de cada pedazo de hilo pegado de antemano al cono de papel. Luego podrán pegar su estandarte al conito. Para terminar, recorte un pedazo largo de hilo para cada estudiante para que lo peguen en la punta del conito de tal manera que lo puedan colgar.

Materiales:
ninguno

Accesorios de Zona®:
jeep de safari

Oración

Reúna a sus estudiantes formando un círculo. Enséñeles el **jeep de safari** diciéndoles que durante la oración lo van a pasar de una persona a otra cuando se termine de decir una frase de la oración. La persona que tenga el jeep en la mano responderá "Dondequiera que vaya".

Ore así:
Amado Dios, me alegra que cuides de mí en la escuela y (*dondequiera que vaya*).
Me alegra que cuides de mí en la casa y (*dondequiera que vaya*).
Me alegra que cuides de mí en el campamento y (*dondequiera que vaya*).
Me alegra que cuides de mí durante las vacaciones y (*dondequiera que vaya*).
Me alegra que cuides de mí en la iglesia y (*dondequiera que vaya*).
Me alegra que cuides de mí en la tienda y (*dondequiera que vaya*).
Me alegra que cuides de mí en la casa de mi amigo y (*dondequiera que vaya*).
Me alegra que cuides de mí en el coche y (*dondequiera que vaya*).
Me alegra que cuides de mí en la piscina y (*dondequiera que vaya*).
Me alegra que cuides de mí en la pizzería y (*dondequiera que vaya*).
Me alegra que cuides de mí en el parque y (*dondequiera que vaya*).
Me alegra que cuides de mí en el consultorio del doctor y (*dondequiera que vaya*).
Gracias por cuidar de cada uno de nosotros hoy, mañana y siempre. Amén.

Recoja el jeep y luego diga, "¡Que Dios vaya contigo!" conforme vayan saliendo. Envíe los móviles y las mascotas de roca a casa con los niños, e instrúyales para que cuiden de sus nuevos amigos.

Haga una copia de Zona Casera® para cada estudiante.

# Casera para padres

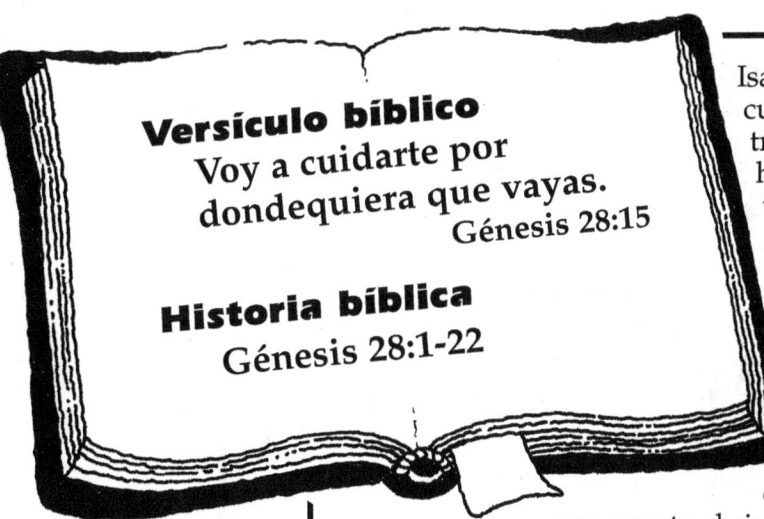

Versículo bíblico
Voy a cuidarte por dondequiera que vayas.
Génesis 28:15

Historia bíblica
Génesis 28:1-22

Isaac envió a Jacob, su hijo, a buscar esposa. Lo cubría la sombra del engaño que cometió contra su hermano gemelo para arrebatarle su herencia, Jacob partió solo. Cuando se adentraba en el desierto, cayó la noche. Él se detuvo para acostarse a dormir y usó una piedra como almohada. Jacob se durmió y empezó a soñar. En su sueño vio una escalera por donde muchos ángeles subían y descendían. Él escuchó la voz de Dios. Dios prometió darle a Jacob la tierra donde dormía y que no le abandonaría sin cumplir lo prometido. Cuando Jacob despertó, estaba convencido de que aquella era tierra sagrada, una puerta al cielo y casa de Dios. Tomando la piedra, la levantó y la ungió con aceite. Jacob juró que el Señor sería su Dios. Esta historia del sueño es muy agradable y reconfortante para la niñez, pero como todos los padres y las madres saben, no todos los sueños son agradables. Quizás la historia del sueño de Jacob abra una puerta para que su hijo o hija comparta algunos de sus sueños agradables, así como los desagradables. Los sueños de la niñez son muy vívidos y con frecuencia memorables. Comparta con su hijo o hija cualquier sueño que recuerde de su infancia.

Ángeles en una nube

Prueben este bocadillo en honor del sueño de Jacob. Por cada ángel en una nube, necesitarán: un barquillo de azúcar (con el extremo puntiagudo), un pañuelo de encaje de papel, un malvavisco y un tubo de escarchado amarillo. Pongan cada barquillo en un platito, doblen el pañuelo de encaje de papel a la mitad y vuelvan a abrirla. Pongan el escarchado a lo largo del doblez del pañuelo y péguenlo al barquillo para formar las alas de ángel. Hagan una pequeña hendidura en la parte de abajo del malvavisco y pónganlo gentilmente en la punta del barquillo. Para crear un halo o aura, añadan un poco de escarchado amarillo formando un círculo en la parte superior del malvavisco. Coloquen el ángel sobre una cucharada de helado de vainilla, ¡y listo!

Atrapasueños

Los atrapasueños, inspirados por la cultura nativa de Norteamérica, se pueden encontrar en los puestos y las tiendas de artesanías. Utilice artículos caseros para ayudar a su hijo o hija a crear un atrapasueños personal.

Recorte un gran círculo a partir de un plato de cartón, incluyendo el borde acanalado. Luego invite a su hijo o hija a colorear el borde. Al rededor del borde haga perforaciones con dos pulgadas de distancia entre uno y otro. Entréguele algunas tiras largas de cinta rizada o hilo o cuerda para que las entreteja de perforación en perforación, en el plato. Dejen los cabos sueltos colgando sin cortarlos. Aten cuentas, botones, campanitas, plumas u otras chucherías en los cabos sueltos. Aten un lazo para colgar. Colóquenlo encima o cerca de la cama para ¡atrapar aquellos sueños!

Dios cuida de nosotros.

Permiso de fotocopiado otorgado para uso de la iglesia local. © 2007 Abingdon Press.

La escalera del sueño

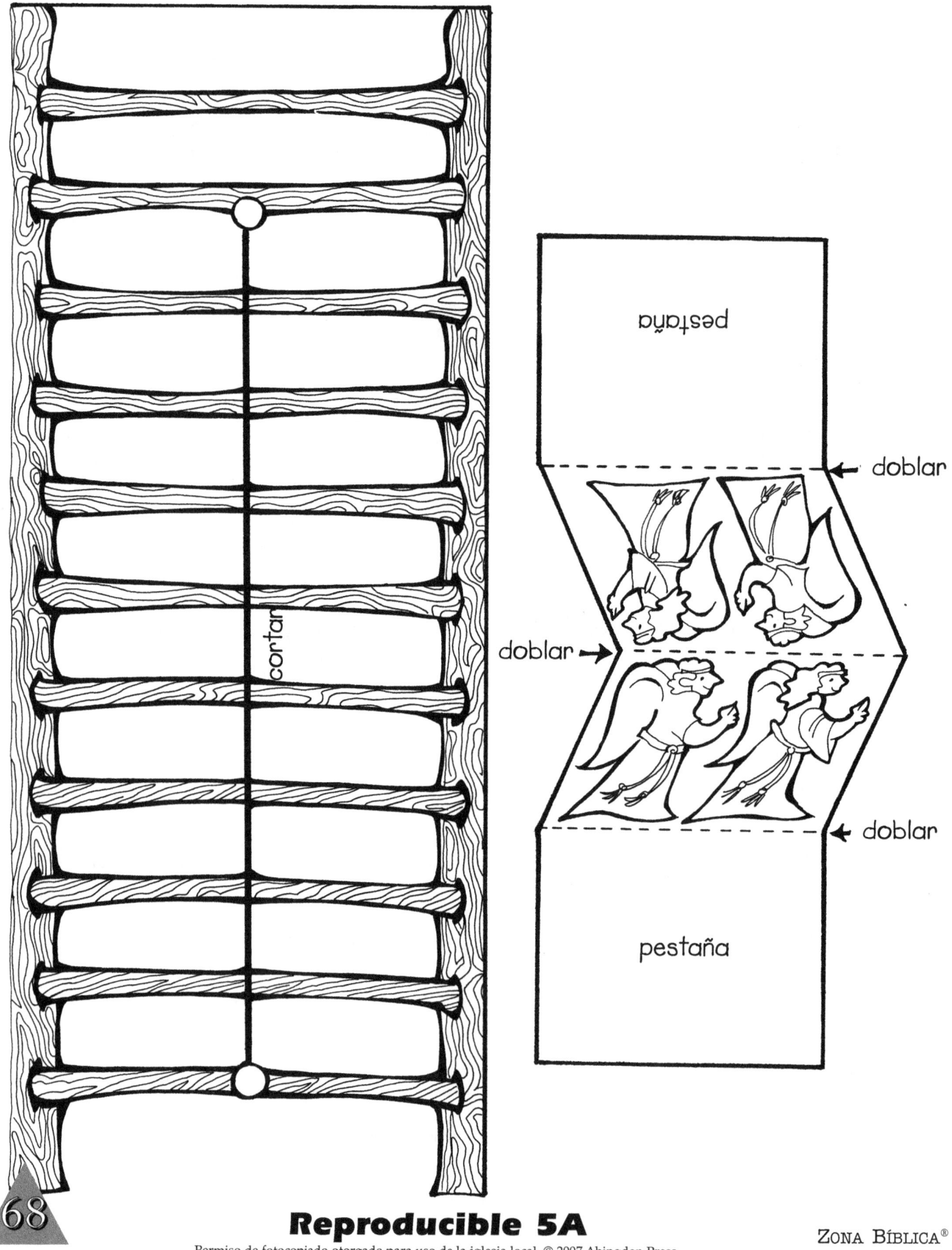

Reproducible 5A

La zarza ardiente

Entra a la

Versículo bíblico
Cada uno de ustedes sirva a los demás según lo que [los dones] haya recibido.

1 Pedro 4:10b

Historia bíblica
Éxodo 3:1-20

De todas las personas que aparecen en el Antiguo Testamento, ¡Moisés es reconocido! Moisés, el bebé escondido entre los juncos, creció para convertirse en el gran líder de los hebreos. Un día, Moisés, un sencillo y tímido pastor, pastoreaba las ovejas y cabras de su suegro. Él notó algo extraño, una zarza que estaba ardiendo en llamas, pero que no se consumía. Moisés se acercó para investigar, y Dios lo llamó por nombre. "Aquí estoy", contestó Moisés.

Entonces Moisés descubrió lo que Dios quería; ¡no era una encomienda sencilla, era algo peligrosa! Moisés tenía que liberar a los israelitas de la esclavitud en Egipto y guiarles hacia la tierra prometida. "¿Quién soy yo para presentarme ante el rey y sacar a tu pueblo de Egipto?", cuestionó Moisés. Dios contestó, "Yo estaré contigo".

En su clase, algunos de sus estudiantes querrían ofrecerse como voluntarios de casi cualquier papel o tarea. "¡Aquí estoy!" exclaman levantando las manos muy alto o saltando de sus asientos. Otros son más renuentes a ofrecerse como voluntarios. La timidez, falta de confianza, un toque de vagancia o miedo a lo desconocido les impedirán tomar parte activa. El papel del maestro es hacer del salón de clase un lugar seguro, creativo y acogedor para todos.

Dios alienta a Moisés a aceptar la encomienda que le hace, y Moisés la acepta. Ayude a todos sus estudiantes a aceptar los retos que les presenta Zona Bíblica; con el apoyo de su sonrisa reconfortante, sinceras palabras de elogio, preguntas cordiales y paciencia en abundancia.

El versículo bíblico para la lección de hoy habla sobre los maravillosos dones que Dios nos ha dado a cada uno de nosotros. La niñez de esta edad suele tener problemas para comprender o distinguir cuáles son sus dones y talentos. En algunos niños y niñas, el talento artístico, musical, intelectual o atlético es ya evidente, dones por los que reciben elogios y reconocimiento. Otros tienen talentos que pueden ser menos obvios. Asegúreles a sus estudiantes que Dios les ha dado dones o regalos a todos. Explíqueles que conforme vayan creciendo, serán más sensibles a esos dones y entenderán cómo usarlos de mejor forma para el servicio de Dios y los unos con otros.

Dios nos llama y nos equipa para hacer cosas importantes.

Vistazo a la

ZONA	TIEMPO	MATERIALES	ACCESORIOS DE ZONA
Acércate a la ZONA			
Hora de llegada	10 minutos	Reproducible 6A, tijeras, cinta adhesiva (opcional: crayones)	ninguno
La Rana Importante	5 minutos	ninguno	sombrero de rana
Zona Bíblica			
Safari de relevos	5 minutos	cinta adhesiva para paquetes	jeeps de safari
Moisés y la zarza ardiente	10 minutos	cintas de papel crepé amarilla, anaranjada y roja	ninguno
Regalos maravillosos	5 minutos	Reproducible 6B, tijeras, canasta	ninguno
Musical de Desiré Desierto	5 minutos	tocadiscos de discos compactos	rana inflable, disco compacto
Zona de Vida			
Celebra cantando	5 minutos	tocadiscos de discos compactos	disco compacto
Cartas "Aquí estoy"	5 minutos	papel de construcción de colores, papel 9 por 13 pulgadas, platos blancos de cartón pequeños, engrapadora, crayones	ninguno
Cerremos la clase	5 minutos	ninguno	ninguno

* Los Accesorios de Zona se encuentran en el **Paquete de DIVERinspiración**.

PRIMARIOS MENORES: LECCIÓN 6

Acércate a la

Escoja una o más actividades para capturar el interés de sus estudiantes.

Materiales:
Reproducible 6A
tijeras
cinta adhesiva transparente
opcional: crayones

Accesorios de Zona®:
ninguno

Hora de llegada

Antes de la clase, fotocopie el **Reproducible 6A** para cada estudiante.

Diga: En la historia de hoy veremos que Dios usó algo poco usual para captar la atención de Moisés. Para resolver el Misterio de Moisés, arma las piezas del rompecabezas.

Pídales a sus estudiantes que recorten las piezas, las armen y las aseguren con cinta adhesiva. Si el tiempo lo permite, invíteles a que coloreen el dibujo antes de pegarlo.

Pregunta: ¿Puedes resolver el misterio? ¿De qué se trata? Éste es un arbusto que está ardiendo en llamas; lo llamamos la "zarza ardiente". Dios nos llama y nos equipa para hacer cosas importantes. Dios usó la zarza ardiente para llamar la atención de Moisés. Van a escuchar más acerca de esto en la historia bíblica de hoy.

Materiales:
ninguno

Accesorios de Zona®:
sombrero de rana

La Rana Importante

Saque el **sombrero de rana** y póngaselo en la cabeza.

Diga: Soy la Rana Importante, y éste es el Sombrero de la Rana Importante. Cuando ustedes se lo pongan, se convertirán en la Rana Importante. Justo ahora yo soy la Rana Importante, y algo importante que he hecho es venir aquí para ser su maestra/o. Todos ustedes tendrán la oportunidad de ser la Rana Importante y decirnos algo importante que hayan hecho.

Quítese el sombrero y déselo a un niño o una niña para que se lo ponga. Pídale que diga, "Soy la Rana Importante y una cosa importante que he hecho es…"

Si sus estudiantes tienen dificultad para identificar las cosas importantes, ofrézcales algunas ideas: ayudar a un hermano o hermana menor; aprender a leer; montar en bicicleta o nadar; cantar en el coro infantil, o ir de campamento. (Cuando el último estudiante haya terminado, ponga el sombrero aparte y no permita que jueguen con él sin permiso. El sombrero de rana se usará en cada lección de esta unidad y parecerá especial si sólo se le utiliza cuando sea pertinente para una actividad.)

Diga: Cada uno de ustedes sabe cómo hacer cosas importantes. Como personas cristianas, Dios nos llama a hacer cosas importantes para servirle, servir a la Iglesia y a otras personas. Hablaremos sobre esto en la lección de hoy.

ZONA BÍBLICA®

Escoja una o más actividades para sumergir a sus estudiantes en la historia bíblica.

Safari de relevos

Antes de la clase, use cinta adhesiva para paquetes para marcar dos líneas que tracen el curso de una carrera. Los niños y las niñas rodarán los jeeps de safari por los carriles en una competencia de carreras. Marque una línea de salida en ambos carriles. Si resulta más práctico, sería bueno que buscara un espacio más amplio para el juego.

Para empezar la actividad, sostenga los jeeps.

Pregunte: ¿Qué son éstos? (*Jeeps.*) **Se parecen a los jeeps que se usan en los safaris, ¿no? Un safari es una expedición que se adentra en tierra salvaje.**

Divida al grupo en dos equipos. Acomode a cada equipo detrás de cada línea de salida.

Explique que el primer niño o niña de cada carril se pondrá de rodillas y rodará el jeep con las manos hasta el extremo del carril y de vuelta. El siguiente tomará su lugar y así sucesivamente. Cuando cada uno termine se colocará nuevamente detrás de la línea de salida. El primer equipo que tenga a todos sus miembros de vuelta en la salida será el ganador. (Puedes hacer una carrera no competitiva y no declarar un equipo ganador.)

De la salida "En sus marcas, listos, fuera" y que empiece la carrera. Cuando se termine, y si el tiempo lo permite, se pueden dividir en equipos diferentes y hacer otra carrera. Recoja los jeeps cuando termine la actividad.

Diga: Hicieron un buen trabajo haciendo correr los jeeps. Jugamos este juego porque el día de hoy estamos empezando una unidad llamada "En el desierto con Moisés". Moisés fue llamado por Dios para dirigir a su pueblo en un largo viaje a través del desierto. Ellos no tenían vehículos como los jeeps para hacer más fácil su camino, pero Dios los equipó de otras maneras para hacer este viaje tan importante.

Dios nos llama y nos equipa para hacer cosas importantes.

Materiales:
cinta adhesiva para paquetes

Accesorios de Zona®:
ninguno

Historia de la  Bíblica

Moisés y la zarza ardiente

Rasgue tiras de papel crepé amarillo, anaranjado y rojo para usar durante la historia.

Diga: Hemos aprendido que Dios le dio tierras a Abraham y a sus descendientes. Pero llegó un día en que no hubo suficiente comida, así que se fueron a Egipto. Muchos años después, el rey de aquel país, llamado faraón, se volvió en contra de los israelitas. El faraón los forzó a convertirse en esclavos.

Explíqueles a sus estudiantes que un esclavo es una persona que es propiedad de otra persona; que un esclavo tiene dueño.

Diga: Los esclavos no tienen derechos. Son forzados a trabajar para sus dueños y viven donde los dueños quieren que vivan.

Pregunte: ¿Cómo creen que se sentiría ser un esclavo?

Diga: Los israelitas no querían ser esclavos, y Dios lo sabía. Vamos a aprender cómo Moisés ayudó a los israelitas a escapar de esta terrible vida y a regresar a la tierra que Dios le había prometido a Abraham.

Divida a la clase en dos grupos, uno de niños y otro de niñas. Pida a los niños que formen una fila en un lado del salón y las niñas en el otro. Entregue tiras de papel crepé a las niñas para que las ondeen.

Cada vez que apunte hacia las niñas, ellas tienen que decir, "¡Moisés, Moisés!" y ondear sus tiras de papel.

Cada vez que apunte hacia los niños, ellos tienen que decir, "Aquí estoy, Dios".

Anime a sus estudiantes para que muestren entusiasmo. Practiquen un par de veces, y luego comience la historia.

Un día estaba Moisés cuidando a las ovejas y a las cabras. Él guió al rebaño a través del desierto y llegó a Horeb, el monte sagrado. Un ángel se le apareció a Moisés en una zarza ardiente. Moisés pensó, "¡Qué extraño! Ese arbusto está ardiendo en llamas, pero no se quema". Moisés se acercó para ver qué pasaba con el arbusto, y Dios llamó a Moisés desde la zarza que ardía.

(Apunte hacia las niñas. Apunte hacia los niños.)

Dios dijo, "No te acerques más. Quítate las sandalias, porque estás parado en un lugar sagrado. Yo soy el Dios de tus antepasados, el Dios que adoraba Abraham, Isaac y Jacob".

*(Apunte hacia las niñas.
Apunte hacia los niños.)*

Dios dijo, "He visto cómo mi pueblo sufre como esclavo en Egipto. Los he oído clamar por ayuda. Hoy te envío con el faraón de Egipto para que puedas sacar a mi pueblo de su país".

*(Apunte hacia las niñas.
Apunte hacia los niños.)*

Pero Moisés le dijo a Dios, "¿Quién soy yo para ir ante el faraón y sacar a tu pueblo de Egipto?"

*(Apunte hacia las niñas.
Apunte hacia los niños.)*

Y Dios le respondió, "Yo estaré contigo".

*(Apunte hacia las niñas.
Apunte hacia los niños.)*

Entonces Moisés dijo, "Le diré a la gente de Israel que el Dios que sus ancestros adoraban me ha enviado ha ellos".

*(Apunte hacia las niñas.
Apunte hacia los niños.)*

Luego Dios le dijo, "Los líderes de Israel te escucharán. Pero el faraón de Egipto tendrá que ser forzado a dejarles ir. Voy a usar mi gran poder para realizar toda clase de milagros y derrotar a los egipcios. Entonces el faraón te enviará lejos".

*(Apunte hacia las niñas.
Apunte hacia los niños.)*

Y esta es la historia de cómo Dios llamó a Moisés. Una vez más…

*(Apunte hacia las niñas.
Apunte hacia los niños.)*

Dios nos llama y nos equipa para hacer cosas importantes.

Escoja una o más actividades para sumergir a sus estudiantes en la historia bíblica.

Materiales:
Reproducible 6B
tijeras
canasta

Accesorios de Zona®:
ninguno

Regalos maravillosos

Antes de la clase, fotocopie el **Reproducible 6B**. Recorte y ponga las papeletas en una canasta.

Diga: Dios escogió a Moisés para guiar a su pueblo fuera de Egipto. A nosotros también, Dios nos escoge para hacer cosas importantes y nos da los talentos y habilidades que necesitamos para hacer esas cosas. Hay un versículo en el Nuevo Testamento que habla de esto, y dice así, "Cada uno de ustedes sirva a los demás según lo [dones] que haya recibido (1 Pedro 4:10b). (Tome la canasta). **En la canasta hay algunos de los dones y talentos que Dios le da a la gente. Cuando sea tu turno, saca una papeleta y actúa o nos platica una manera en que podrían usar ese talento para ayudar a otras personas** (ejemplos, cantar: cantar canciones para mi abuela; correr: jugar con mi hermanito menor; dibujar: hacer tarjetas para mi papá y mi mamá).

Permita que cada estudiante tenga su turno, alentándoles cuando lo necesiten. Si tiene más de doce estudiantes, forme parejas.

Diga: A veces es difícil descubrir cuáles son nuestros dones. Una manera de hacerlo es ponerse a pensar qué es lo que realmente te gusta hacer; muchas veces se trata de algo en lo que eres bueno. Podemos darle gracias a Dios por nuestros dones y talentos usándolos para ayudar a los demás.

Materiales:
tocadiscos de discos compactos

Accesorios de Zona®:
rana inflable, disco compacto

Musical de Desiré Desierto

Reúna a la clase formando un círculo. Tome a Desiré Desierto, la **rana inflable**.

Diga: Desiré, ¿haces algo importante para ayudar a otras personas? (Haz que Desiré diga con voz boba de croar, "Bueno, sí, yo canto para todos los renacuajos jóvenes de nuestro estanque, y también, siempre digo hola a los peces viejos que viven allí".) **Desiré nos va a ayudar en nuestro juego; la vamos a pasar al compás de la música. Si tienes a Desiré cuando la música se detenga, dinos algo que podrías hacer para ayudar a otras personas.**

Toque música del **disco compacto** mientras sus estudiantes pasan a Desiré por el círculo. Detenga la música y deje que un niño o una niña comparta sus ideas. Ponga la música nuevamente y continúe de esta manera hasta que todos en la clase hayan participado.

ZONA BÍBLICA®

 de Vida

Escoja una o más actividades para que la Biblia cobre significado en la vida diaria.

Celebra cantando

Cante "Señor prepárame" **(disco compacto, pista 14)**. Luego toque el cántico "Cúan poderoso es Dios" **(disco compacto, pista 9)**. Dirija a sus estudiantes para cantar.

Señor prepárame

Señor, prepárame
para ser santuario
puro y santo,
probado y fiel.
Dando gracias
seré santuario,
un santuario para ti.

LETRA: John Thompson y Randy L. Scruggs; trad. por Diana Beach
MÚSICA: John Thompson y Randy L. Scruggs
© 1983; trad. © 2007 Full Armor / Whole Armor Music, admin. por The Kruger Corporation

Cúan poderoso es Dios

Cuán poderoso es Dios.
Cuán poderoso es Dios.
Ángeles postrados,
Cielo y tierra, adórenle.
Cuan poderoso es Dios.

LETRA: Anónimo; trad. por Diana Beach
MÚSICA: Anónimo
"Cúan poderoso es Dios" arreglo © 1996 Group Publishing, Inc. Todos los derechos reservados. No se permite la duplicación sin autorización. Usada con premiso

Materiales:
tocadiscos de discos compactos

Accesorios de Zona®:
disco compacto

PRIMARIOS MENORES: LECCIÓN 6

 de Vida

Escoja una o más actividades para que la Biblia cobre significado en la vida diaria.

Materiales:
Papel de construcción de colores tamaño 9 por 13 pulgadas
hojas de papel blanco tamaño de carta
platos blancos de cartón pequeños
engrapadora
crayones

Accesorios de Zona®:
ninguno

Cartas "Aquí estoy"

Diga: Dios llamó a Moisés, y Moisés respondió, "Aquí estoy". Dios nos llama a nosotros también. Una de las cosas para las que Dios llama a los cristianos es para ocuparse de otras personas cuando están solas, tristes o enfermas. (*Ayude a sus estudiantes a mencionar a algunas de estas personas.*) **Hoy vamos a hacer tarjetas "Aquí estoy" para darles ánimos.**

Diga a sus estudiantes que van a dibujar sus autorretratos. Anímeles a pensar cómo se ven: el tono de la piel, el color de ojos, peinado etc. Pida que hagan sus dibujos sobre los platos de cartón. Engrape cada plato al centro de una hoja de papel de construcción de color y escriba en él un mensaje que diga, "Un mensaje de amor" o "Espero que te sientas mejor". Pídales que escriban sus nombres en sus tarjetas.

Pida a los niños y a las niñas que escriban "Aquí estoy" con colores brillantes sobre las hojas blancas. Luego van a engrapar su hoja, con el mensaje hacia fuera, sobre el papel de construcción, usando tres o cuatro grapas a lo largo del extremo superior. Asegúrese de que las cartas sean enviadas a las personas que identificaron sus estudiantes.

Materiales:
ninguno

Accesorios de Zona®:
ninguno

Cerremos la clase

Pídales a sus estudiantes que formen un círculo y que se tomen de las manos. Permanezca fuera del círculo y hacia un lado. Explique que les va a llamar por nombre. Cuando escuchen su nombre, tienen que dar un paso hacia el frente, sin soltarse de las manos, y decir, "Aquí estoy", luego deben integrarse al círculo nuevamente. Menciona sus nombres al azar.

Vuelva a llamarles. Esta vez, en vez de llamarles por nombre, hágalo un poquito más difícil diciendo cosas como, "La niña del vestido azul" o "El chico de pelo rojo y rizado". Una vez más, deberán dar un paso al frente, sin soltarse, cuando identifique que le está llamando, y dirán nuevamente, "Aquí estoy". Al final, incorpórese al círculo y pídales que mantengan las manos unidas y caminen en el sentido de las manecillas del reloj. Ore mientras caminan.

Ore así: Querido Dios, aquí estamos, llamados por ti para hacer cosas importantes. Aquí estamos, equipados por ti para hacer esas cosas importantes. Aquí estamos, bendecidos por ti con diferentes talentos para servir. Aquí estamos, listos para ayudar a otras personas diferentes. Aquí estamos, Dios. Amén.

**Entregue a cada estudiante una copia de Zona Casera®
para que se la lleve a su papá y a su mamá.**

 # Casera para padres

Versículo bíblico
Cada uno de ustedes sirva a los demás según lo que [los dones] haya recibido.
1 Pedro 4:10

Historia bíblica
Éxodo 3:1-20

Esta semana su hijo o hija comenzó una nueva unidad titulada "En el desierto con Moisés". En la historia bíblica de hoy, Dios llamó a Moisés desde una zarza ardiente y le pidió que sacara a su pueblo de la esclavitud en Egipto. Dios nos llama a cada uno de nosotros, incluyendo a la niñez, para hacer cosas importantes, y Dios nos equipa con las habilidades, el talento y la energía para hacer esas cosas. Anime a su hijo o hija en sus esfuerzos por involucrarse en causas que le interesen y también para realizar acciones bondadosas. Permita que le vea, a usted, usando sus habilidades, talentos y energía para mostrar el amor de Dios al mundo.

Noche de talentos tontos

Van a necesitar: queso chedar rayado, galletas saladas, platos y servilletas.

Pongan algunas galletas en un plato y corónenlas con un montoncito de queso rayado. Caliente en el microondas o en el horno hasta que el queso apenas empiece a derretirse. Mientras disfrutan de su bocadillo, dígale a su hijo o hija que le cuente acerca de la zarza ardiente de la historia de hoy. Hablen del asombro de Moisés cuando vio el arbusto en llamas, pero que no se consumía. Él debió de sorprenderse mucho más cuando Dios le habló desde la zarza.

Colma de amor a la gente que amas

Creen una lluvia de tarjetas para un miembro de la familia o un amigo que podría requerir un poco de amor adicional en la semana entrante. Preparen papel, sobres, estampas, marcadores, escarcha de brillo y otros materiales para hacer tarjetas. Animen a todos para que hagan al menos dos o tres tarjetas. Cuando terminen, pónganles la dirección y el sello postal. Envíen las tarjetas en diferentes momentos para añadirle interés a quien las reciba. Cada noche durante la cena hagan una oración por la persona que estará recibiendo sus tarjetas.

Dios nos llama y nos equipa para hacer cosas importantes.

Permiso de fotocopiado otorgado para uso de la iglesia local. © 2007 Abingdon Press.

El misterio de Moisés

Reproducible 6A

Regalos maravillosos

Correr	Escribir
Cantar	Sumar y restar
Dibujar	Escuchar
Bailar	Reparar cosas
Cocinar	Limpiar
Contar historias	Hacer bromas

La salida de Egipto

Entra a la ZONA

Versículo bíblico
Dejen todas sus preocupaciones a Dios, porque él se interesa por ustedes.

1 Pedro 5:7

Historia bíblica
Éxodo 5:1–12:41

El agua se convertía en sangre; ranas, moscas y mosquitos por todos lados; una enfermedad que mataba a los animales; granizo; langostas, y tres días de oscuridad. La plaga final: la muerte de todos los primogénitos egipcios. Finalmente el faraón dijo, "¡Váyanse!" y esta vez lo decía en serio. Como resultado de las plagas, Moisés pudo sacar a su pueblo de Egipto.

La historia de hoy es la historia sobre plagas más conocida, pero no es la primera. En Génesis, se nos relata que para proteger a Sara, el faraón (del rey de Egipto) y su familia sufrieron unas plagas (Génesis 12:17). Los israelitas, aunque fueron liberados como consecuencia de las plagas sobre los egipcios, no fueron excluidos, de sufrir este tipo de castigo. Dios envió sobre ellos, una plaga de enfermedad por adorar a un becerro de oro (Éxodo 32:35), y nuevamente cuando refunfuñaron por estar cansados de comer las codornices que Dios les proveía cada día para sus sustento (Números 11:33).

De todas las historias en la Biblia, ésta es la que tiene el más grande "factor dramático". Pero no permita que esto le distraiga del verdadero sentido de la lección: Dios nos fortalece y nos ayuda. No, Dios no enviaría plagas para atemorizar a los valentones del patio a la hora del recreo, pero sí nos da la fuerza para enfrentar las situaciones difíciles.

La vida de la niñez está llena de preocupaciones. Algunas veces estas preocupaciones nos hacen sonreír: monstruos debajo de la cama, qué ropa ponerse para la escuela, o el nombre perfecto para una nueva muñeca.

Pero los niños y las niñas también tienen preocupaciones más serias: un papá sin trabajo, un abuelo que se está muriendo, o la dificultad para aprender a leer. Y no nos olvidemos de muchas otras preocupaciones. Ayude a sus estudiantes a internalizar el versículo bíblico de hoy, "Dejen todas sus preocupaciones a Dios, porque él se interesa por ustedes". Una actividad de oración guiada les mostrará cómo hacer esto. Mientras le habla acerca de sus preocupaciones y sobre la oración, ayúdeles a entender que no hay formas correctas o incorrectas de orar; Dios está escuchando siempre. Todo lo que necesitan hacer es hablar.

Dios nos fortalece y nos ayuda.

Vistazo a la

ZONA	TIEMPO	MATERIALES	ACCESORIOS DE ZONA®
Acércate a la ZONA®			
Hora de llegada	10 minutos	Reproducible 7A, crayones	ninguno
Una rana poderosa	5 minutos	ninguno	sombrero de rana
Zona Bíblica®			
Salta a la historia	5 minutos	ninguno	ranas saltarinas
Las plagas	10 minutos	ninguno	títeres de rana para los dedos
Preocupaciones	5 minutos	ninguno	ninguno
Zona de Vida			
Celebra cantando	5 minutos	tocadiscos de discos compactos	disco compacto
Tiendas de campaña	5 minutos	Reproducible 7B, crayones, cinta adhesiva, tijeras	ranas saltarinas
Palabras alentadoras	5 minutos	ninguno	ninguno

◉ * Los Accesorios de Zona® se encuentran en el **Paquete de DIVERinspiración®**.

PRIMARIOS MENORES: LECCIÓN 7

Acércate a la

Escoja una o más actividades para capturar el interés de sus estudiantes.

Materiales:
Reproducible 7A
crayones

Accesorios de Zona®:
ninguno

Hora de llegada

Antes de la clase, saque una copia del **Reproducible 7A** para cada estudiante.

Según lleguen los niños y las niñas, entrégueles su copia.

Diga: En la historia bíblica de esta semana Dios envió algo para perturbar a los egipcios. Coloreen todos los puntos de un color y todas las equis o cruces con otro color para resolver el enigma de Moisés.

Permita a sus estudiantes colorear la ilustración para revelar una rana, una mosca y una langosta.

Pregunte: ¿Qué son éstos? (*Identifique la langosta.*) **Ranas, moscas y langostas juegan un papel muy emocionante en la historia bíblica del día de hoy. Dentro de un ratito averiguarán de qué se trata.**

Materiales:
ninguno

Accesorios de Zona®:
sombrero de rana

Una rana poderosa

Ponte el **sombrero de rana** en la cabeza.

Diga: Soy la Rana Poderosa. Soy muy fuerte. Puedo levantar este edificio enterito ¡con una sola mano! Pase el sombrero de estudiante a estudiante, pida a cada uno que se lo ponga y diga, "**Soy la Rana Poderosa. Soy muy fuerte. Puedo…**" (*que digan algo que puedan hacer*). Si tienen problemas para identificar lo que pueden hacer, sugiera asombrosas proezas como nadar cruzando todo el océano, saltar para cruzar el Gran Cañón o soplar tan fuerte como para detener un huracán.

Diga: Dios es poderoso también. Pero Dios no está fingiendo como la Rana Poderosa, Dios es real. Dios nos da fortaleza cuando necesitamos ayuda para vivir nuestras vidas.

ZONA BÍBLICA®

Escoja una o más actividades para sumergir a sus estudiantes en la historia bíblica.

Salta a la historia

Entregue una **rana saltarina** a cada estudiante.

Diga: Quiero que todos ustedes les pongan un lindo nombre a la rana que escogió. (*Deje que lo hagan.*)

Diga: Ahora díganme cuál es su juego de rana favorito. (*Permita que le digan su juego de rana favorito (juegos que involucren saltos), fomentando respuestas que tengan algo que ver con las ranas o los saltos, etc.*

Diríjales para que sus ranas den un salto colectivo. Diga "A la una, a las dos y a las… tres" y pida que todos presionen sus ranitas a la vez en el suelo. Asimismo puede despejar el salón y hacer que se agachen como si fueran ranas y que enseguida brinquen. Que todos den un aplauso o un viva. Hágalo varias veces.

Diga: Ahora, ranas, ustedes van a permanecer sentadas. En el enigma de Moisés del día de hoy ustedes descubrieron ranas, moscas y langostas. Durante nuestra historia, descubriremos cómo las ranas ayudaron a Moisés a liberar a su gente de la esclavitud en Egipto.

Recoja las **ranas saltarinas** para usarlas más tarde.

Materiales:
ninguno

Accesorios de Zona®:
ranas saltarinas

 **Dios nos fortalece y nos ayuda.**

Historia de la  Bíblica

Las plagas

Entregue a cada estudiante un **títere de rana para los dedos** y pídales que se los pongan.

Diga: Como las ranas toman parte importante en la historia de hoy, vamos a usarlas para que nos ayuden a narrarla. Ranas, ahora ustedes son el Coro Ranesco. Yo dirigiré el coro y cuando dé una señal, el Coro Ranesco cantará esta canción (*con la tonada de "Porque él es un buen compañero"*):

Porque Dios hizo fuerte a Moisés,
Porque Dios hizo fuerte a Moisés,
Porque Dios hizo fuerte a Moisés,
¡Y Moisés elegido fue!

Practiquen unas cuantas veces. Mueva sus brazos como si fueras un director musical y comience con, "Uno, dos tres". Si su coro no canta fuerte, indíqueselo levantando las manos con las palmas hacia arriba y cante también. Comience la historia y haga de director de coro cuando se le indique.

Dios eligió a Moisés para ayudar a los israelitas a escapar de Egipto. Dios le dijo a Moisés que fuera ante el faraón, el rey de Egipto, y le exigiera que dejara ir a los israelitas. Moisés estaba nervioso por tener que hablar con el faraón, así que le dijo a su hermano Aarón que lo acompañara.

Uno, dos, tres…
(Dirija al Coro Ranesco.)

*Porque Dios hizo fuerte a Moisés,
Porque Dios hizo fuerte a Moisés,
Porque Dios hizo fuerte a Moisés,
¡Y Moisés elegido fue!*

Como el faraón no dejaba ir a su pueblo, Dios mandó una serie de plagas para perturbar a los egipcios y al faraón. Dios convirtió el agua del río Nilo en sangre. Pero el faraón no dejaba ir a Moisés y a su pueblo.

Uno, dos, tres…
(Dirija al Coro Ranesco.)

*Porque Dios hizo fuerte a Moisés,
Porque Dios hizo fuerte a Moisés,
Porque Dios hizo fuerte a Moisés,
¡Y Moisés elegido fue!*

Enseguida, Dios envió ranas. Así que muy pronto hubo ¡ranas saltando por todos lados!

Incluso después de que las ranas murieron y se quedaron todas amontonadas y pudriéndose, el faraón seguía sin dejar ir a Moisés y a su pueblo.

Uno, dos, tres…
(Dirija al Coro Ranesco.)

*Porque Dios hizo fuerte a Moisés,
Porque Dios hizo fuerte a Moisés,
Porque Dios hizo fuerte a Moisés,
¡Y Moisés elegido fue!*

Dios convirtió el polvo de Egipto en mosquitos. Pronto, cada mota de polvo que había en Egipto se había convertido en mosquito. Pero el faraón seguía sin dejar ir a Moisés y a su pueblo.

Uno, dos, tres…
(Dirija al Coro Ranesco.)

Porque Dios hizo fuerte a Moisés,
Porque Dios hizo fuerte a Moisés,
Porque Dios hizo fuerte a Moisés,
¡Y Moisés elegido fue!

Dios envió una plaga de moscas. Pero el faraón no dejaba ir a sus esclavos. Entonces Dios hizo que todos los animales de los egipcios murieran. Pero el faraón no dejaba que el pueblo se fuera. Así que Dios provocó que a todos los egipcio y a sus animales le salieran llagas por todo el cuerpo. Pero el faraón seguía sin dejar ir a Moisés y a su pueblo.

Uno, dos, tres…
(Dirija al Coro Ranesco.)

Porque Dios hizo fuerte a Moisés,
Porque Dios hizo fuerte a Moisés,
Porque Dios hizo fuerte a Moisés,
¡Y Moisés elegido fue!

Entonces Dios mandó una fuerte granizada que golpearon a la gente egipcia, a sus animales y cosechas. Pero el faraón seguía sin dejar ir a Moisés y a su pueblo.

Uno, dos, tres…
(Dirija al Coro Ranesco.)

Porque Dios hizo fuerte a Moisés,
Porque Dios hizo fuerte a Moisés,
Porque Dios hizo fuerte a Moisés,
¡Y Moisés elegido fue!

Después, Dios mandó enjambres de langostas que se comieron cada plantita verde en Egipto. Pero el faraón no quería dejarlos ir. Dios cubrió la tierra de total oscuridad durante tres días. Entonces el faraón dijo que la gente se podía ir pero sus animales no. Y Moisés dijo, "No".

Uno, dos, tres…
(Dirija al Coro Ranesco.)

Porque Dios hizo fuerte a Moisés,
Porque Dios hizo fuerte a Moisés,
Porque Dios hizo fuerte a Moisés,
¡Y Moisés elegido fue!

Así pues, Dios envió la peor de las plaga. Les dijo a los israelitas que marcaran los marcos de las puertas de sus casas con la sangre de un cordero. Esa noche Dios siguió de largo ante las casas marcadas, donde vivían los israelitas, pero los hijos primogénitos de todas las familias egipcias murieron.

El faraón le dijo a Moisés que se fuera de su país y que se llevara consigo a toda su gente y a todos sus animales. Guiados por Moisés, el pueblo comenzó a salir de Egipto. Había seiscientos mil hombres israelitas, así como mujeres y niños. Moisés y su hermano Aarón, fortalecidos y amparados por Dios, habían liberado a su pueblo de la esclavitud.

Uno, dos, tres…
(Dirija al Coro Ranesco.)

Porque Dios hizo fuerte a Moisés,
Porque Dios hizo fuerte a Moisés,
Porque Dios hizo fuerte a Moisés,
¡Y Moisés elegido fue!

Escoja una o más actividades para sumergir a sus estudiantes en la historia bíblica.

Materiales:
ninguno

Accesorios de Zona®:
ninguno

Preocupaciones

Para esta actividad de visualización, pida a sus estudiantes que se recuesten en el suelo. Y anímeles a que se relajen lo más que puedan.

Diga: Durante la siguiente actividad, les voy a pedir que visualicen cosas inquietantes. Cuando se visualiza algo es porque se trae una imagen a la mente. Les voy a pedir que visualicen algunas cosas inquietantes o preocupaciones que los israelitas pudieran haber tenido cuando viajaban por el desierto. Les voy a pedir que también visualicen sus propias inquietudes, las que tienen en este momento de sus vidas.

Diga cada línea muy despacio, pausando para que los niños y las niñas puedan traer a sus mentes la imagen que sugiere.

Diga: Eres un israelita. Acabas de escapar de Egipto y estás acostado en tu tienda de campaña en medio del desierto. Imagina algo que te preocupe cuando te vayas a dormir.

¡Ahora eres tú mismo! Imagina algo que a veces te preocupa cuando te vas a dormir en la noche.

Eres israelita. Se acerca una enorme tormenta. Imagina algo que te preocupe de la tormenta.

¡Ahora eres tú mismo! Imagina algo que te preocupe de la tormenta.

Eres israelita. Te estás sintiendo muy enfermo. Imagina algo que te preocupe de estar tan enfermo.

¡Ahora eres tú mismo! Estás ardiendo en fiebre, y te duele el estómago. Imagina algo que te preocupe de estar enfermo.

Eres israelita. Los miembros de tu familia están discutiendo. Imagina algo que te preocupe de esta discusión.

¡Ahora eres tú mismo! Estás peleando con alguien de tu familia. Imagina algo que te inquiete de las peleas.

Pídales que abran los ojos. Invíteles a que comenten sobre esta experiencia de visualización. ¿Pudieron visualizar las inquietudes descritas?

Diga: A veces el imaginar nuestras inquietudes nos ayuda a entenderlas más claramente. El versículo bíblico de hoy dice que Dios se interesa por nosotros y que podemos traerle nuestras inquietudes. ¿Cómo podemos traer y dejar todas nuestras inquietudes y preocupaciones a Dios? Orando, escuchando su voz hablando a nuestros corazones y mentes, conversando con nuestros papás, maestros, pastor y amigos, leyendo la Biblia y viniendo a la escuela dominical y al templo; eso nos puede ayudar a dejar ante Dios nuestras preocupaciones.

 de Vida

Escoja una o más actividades para que la Biblia cobre significado en la vida diaria.

Celebra cantando

Pida a sus estudiantes que escuchen el cántico "Estaré contigo siempre" (**disco compacto, pista 11**), luego diríjales para cantarlo.

Enseguida diríjales para cantar el cántico y ponga el dedo índice en su frente para indicar que *recuerden*, cada vez que canten.

Diga: Así como Moisés recordó que Dios estaba con él, cuando ustedes canten este cántico y hagan la señal de recuerda, recordarán que Dios está con ustedes también.

Estaré contigo siempre

Estaré siempre contigo.
Recuerda.
Mi protección te daré.
Recuerda.
Y a esta tierra te traeré.
Recuerda.

LETRA: Génesis 28:15; trad. por Carmen Saraí Pérez
MÚSICA: June Fisher Armstrong
© 1990; trad. © 2007 CRC Publications. Todos los derechos reservados

Materiales:
tocadiscos de discos compactos

Accesorios de Zona®:
disco compacto

 de Vida

Escoja una o más actividades para que la Biblia cobre significado en la vida diaria.

Materiales:
Reproducible 7B
crayones
cinta adhesiva
tijeras

Accesorios de Zona®:
ranas saltarinas

Tiendas de campaña

Antes de la clase, saque copias del **Reproducible 7B**.

Diga: Después de que los israelitas salieron de Egipto, pasaron muchos años en camino hacia la tierra prometida. Ellos dormían en tiendas de campaña. En los tiempos bíblicos, las tiendas de campaña o carpas se hacían con pelo de algunos animales. ¿Alguna vez han dormido en una tienda de campaña? ¿Les gusta? Dormir en una tienda puede ser muy divertido, pero para los israelitas tal vez debió de ser preocupante. Seguramente les preocupaba vivir en el desierto. Sin embargo, Moisés confiaba en Dios y ayudó a su pueblo a entender que Dios estaba de su lado. Aquí hay un versículo bíblico que nos habla acerca de que Dios está de nuestro lado: "Dejen todas sus preocupaciones a Dios, porque él se interesa por ustedes".

Entregue a cada estudiante una copia del **Reproducible 7B**. Deje que lean el versículo bíblico escrito en la tienda de campaña. Invíteles a colorear y recortar la tienda (sólo por las líneas continuas). Demuestre cómo montar la tienda; se debe doblar por las líneas punteadas, y sujetar las partes con cinta adhesiva.

Diga: Yo creo que en los tiempos bíblicos, las ranas a veces saltaban dentro de las tiendas de campaña. Les apuesto a que sus ranas van a saltar dentro de sus tiendas también. (*Reparta las ranas saltarinas y permita que los niños y las niñas se diviertan las con ranas y las tiendas.*)

Materiales:
ninguno

Accesorios de Zona®:
ninguno

Palabras alentadoras

Pida a sus estudiantes que formen un círculo para la oración de cierre. Explique que una de las maneras en que Dios nos fortalece es por medio del aliento y apoyo de otros cristianos. Dígales que se van a ofrecer palabras de aliento unos a otros alrededor del círculo. Asimismo van a usar tres movimientos alentadores con las manos: una señal levantando el pulgar a la vez que cierra el resto de la mano para formar un puño, un apretón de manos, y un ¡chócalas! Demuestre las señales mencionadas.

Comience levantado el pulgar al niño o niña de su izquierda y diga, "Que Dios te fortalezca y ayude". Pídale que haga lo mismo con el otro a su izquierda, y así hasta que recorran todo el círculo. Después envíe un apretón de manos por todo el círculo y finalmente un ¡chócalas! cada vez diciendo "Que Dios te fortalezca y ayude". Pídales que formen una cadena entrelazando sus brazos y que cierren los ojos.

Ore así: Amado Dios, estamos contentos de que hayas fortalecido a Moisés y de que él pudiera sacar a los israelitas de Egipto. Hoy te pedimos que también nos fortalezcas y ayudes cada día. Amén.

Haga una copia de Zona Casera® para cada estudiante.

ZONA BÍBLICA®

 # Casera para padres

Versículo bíblico
Dejen todas tus preocupaciones a Dios, porque él se interesa por ustedes.
1 Pedro 5:7

Historia bíblica
Éxodo 5:1–12:41

¡Un río de sangre! ¡Ranas, moscas, mosquitos! ¡Animales muertos! ¡Llagas! ¡Granizo! ¡Langostas! ¡Oscuridad! La historia de las plagas es una de las más dramáticas en el Antiguo Testamento. Más allá de la intriga, el drama y el "factor dramático!", la lección de hoy, dejó claro que Dios estaba con Moisés y con su hermano Aarón mientras ellos luchaban por liberar a su pueblo. El versículo bíblico de hoy estimula a su hijo o hija a traer y dejar sus inquietudes y preocupaciones a Dios, al igual que Moisés. Algunas formas en que su hijo o hija pude lograrlo es por medio de las oraciones, alabanzas, lecturas bíblicas, así como conversaciones con sus padres y con otras personas cristiana.

Perfiles egipcios

En casi todo el arte egipcio se muestran las figuras de perfil. Diviértanse esta semana hablando de los perfiles de su familia. ¿Pueden identificar el mentón del tío Edgardo o la nariz de la abuela en alguien más de la familia? Después de conversar sobre los perfiles, túrnense para esbozar las caras de perfil de unos y otros. Revuelvan los bocetos y al día siguiente vean si pueden adivinar quién es quién. Si se les acaba la gente para esbozar, no se olviden de las mascotas de la familia ni de los animales de juguete más amados.

Delicia de pepino

Durante los años que pasaron en el desierto, los israelitas suspiraban por los deliciosos pepinos que habían disfrutado en Egipto. Los niños y las niñas no siempre suspiran por los pepinos, pero deje que prueben esta delicia de receta. Mezcle dos cucharadas de mayonesa, una cucharada de vinagre y una cucharada de azúcar. Rebane el pepino en rodajas delgadas y revuélvalas en la mezcla. Añada sal y pimienta. Refrigere por varias horas antes de servir.

Dios nos fortalece y nos ayuda.

Permiso de fotocopiado otorgado para uso de la iglesia local. © 2007 Abingdon Press.

El enigma de Moisés

Usa un color en las formas que tienen puntitos dentro.
Usa un color diferente en las formas que tienen una equis dentro.

Reproducible 7A

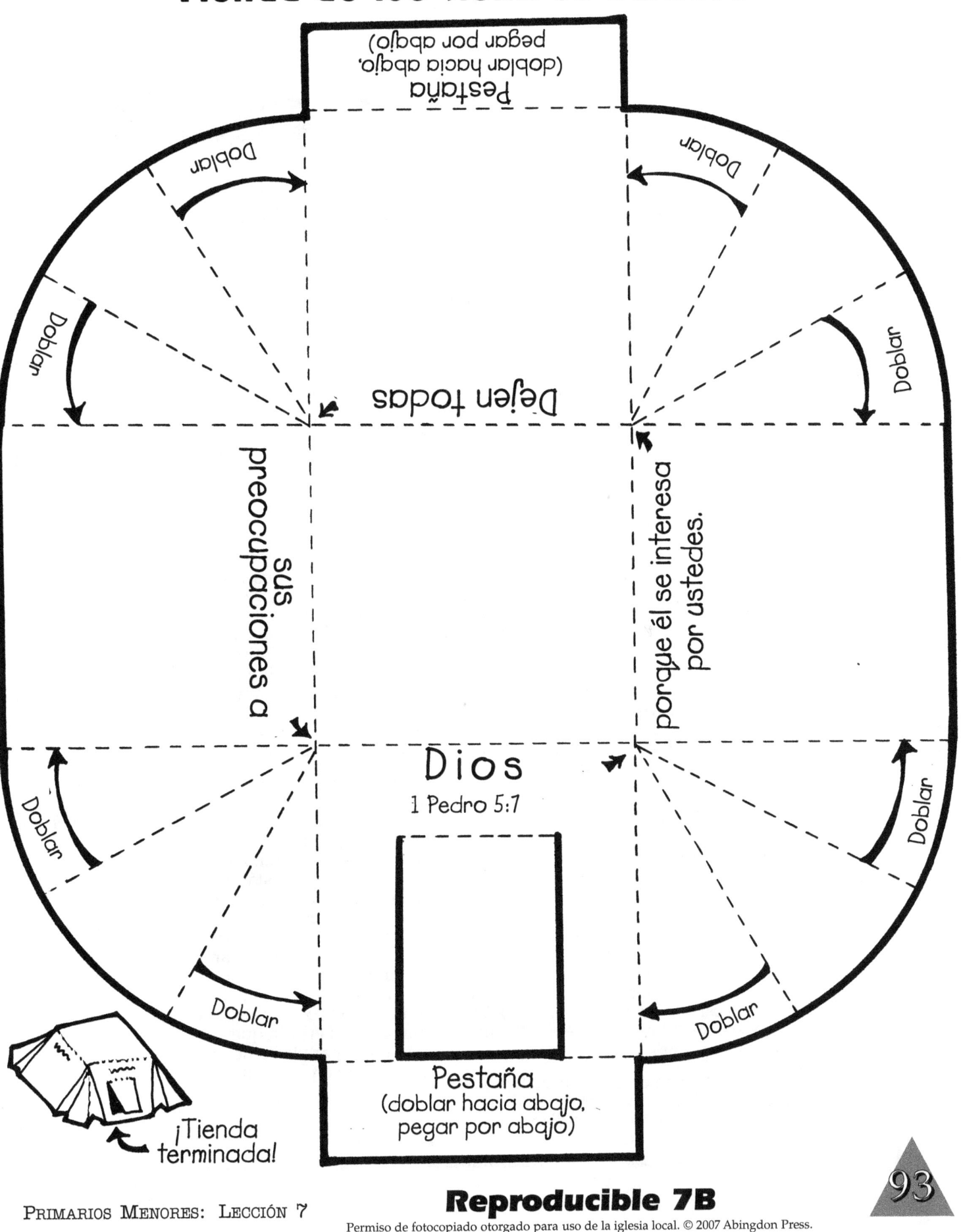

Agua y comida en el desierto

Entra a la

Versículo bíblico

Den gracias al Señor por su amor, ¡por lo que hace en favor de las personas!

Salmos 107:8

Historia bíblica
Éxodo 15:22–17:7

Tras su paso por el Mar Rojo, Dios le indicó a Moisés que se dirigiera al desierto de Sur. Después de viajar tres días, comenzaron las quejas. La necesidad de agua era urgente. Dos meses mas tarde, la comida se terminó. La gente tenía hambre y se quejó amargamente ante Moisés. Algunos decían que era preferible haber muerto en Egipto que sufrir esa hambre tan terrible. En ambas ocasiones, Dios respondió a los lamentos de los israelitas, y proveyó lo que necesitaban.

Tanto la palabra *maná* como el alimento en sí son un misterio. Números 11:7-9 los describe de esta manera: "El maná era parecido a la semilla del cilantro; tenía un color amarillento, como el de la resina, y sabía a algo horneado con aceite de oliva. Por la noche, cuando caía el rocío sobre el campamento, caía también el maná, y la gente salía a recogerlo por la mañana. Se molía o machacaba, se cocinaba en la cacerola o se preparaba en forma de obleas y panes". No sabemos con certeza en qué consistía el maná. ¡Parece que el milagro de este "pan" no se puede explicar!

No obstante, esta comida especial sustentó al pueblo de Israel hasta que entró en la tierra prometida, donde había comida disponible.

Casi todos los niños y las niñas son muy sensitivos a la sed y el hambre, así que seguramente se pueden identificar con las quejas de los israelitas. Sin embargo, es probable que no entiendan las necesidades básicas de supervivencia, el dolor del hambre verdadera o la amenazante agonía de una deshidratación severa. Esperemos que nunca tengan el conocimiento de primera mano de tal sufrimiento.

En la historia de hoy. La gente clama a Dios y se queja con Moisés, y Dios les provee de las cosas que necesitan para sobrevivir en el desierto. Quizá sus estudiantes se pregunten por qué hoy día, Dios no envía maná a las personas que están pasando hambre. Josué 5:12 afirma que el maná cesó cuando la gente comenzó a alimentarse de lo que la tierra producía. En nuestro tiempo, los países desarrollados cuentan con mercados enormes de comida, Dios debe de esperar que compartamos nuestra abundancia con aquellas personas que tienen necesidad de alimentos. Permita que sus estudiantes brinden ideas para la solución de los problemas de hambre en nuestro mundo.

Dios nos da las cosas que necesitamos.

Vistazo a la

ZONA	TIEMPO	MATERIALES	ACCESORIOS DE ZONA
Acércate a la ZONA			
Hora de llegada	10 minutos	Reproducible 8A, cinta adhesiva, crayones, minibotellas de agua (opcional: tazas y jarrón)	ninguno
Haciendo caras	5 minutos	platos de cartón, crayones	ninguno
Zona Bíblica			
Sé un chef rana	5 minutos	ninguno	sombrero de rana
La olla quejumbrosa	5 minutos	olla pequeña (o canasta o recipiente)	canicas
Los sedientos y hambrientos peregrinos	10 minutos	caras en platos de cartón	ninguno
Alabanza con los pies	5 minutos	Biblia	pelotas flexibles de colores
Mural de cosas maravillosas	5 minutos	pliego de papel para artesanías u hojas de papel y cinta adhesiva, crayones	ninguno
Zona de Vida			
Celebra cantando	5 minutos	tocadiscos de discos compactos	disco compacto
Persona, lugar o cosa	5 minutos	Reproducible 8B, lápices o crayones	ninguno
Oración	5 minutos	ninguno	ninguno

* Los Accesorios de Zona® se encuentran en el **Paquete de DIVERinspiración®**.

PRIMARIOS MENORES: LECCIÓN 8

Acércate a la

Escoja una o más actividades para capturar el interés de sus estudiantes.

Materiales:
Reproducible 8A
cinta adhesiva
crayones
minibotellas de agua
opcional: tazas y jarrón

Accesorios de Zona®:
ninguno

Hora de llegada

Antes de la clase, saque copias del **Reproducible 8A** para todos sus estudiantes. Tenga disponible una minibotella de agua para cada niño y niña, o una taza de agua. Conforme llegue cada uno, recíbele por nombre y a la misma vez, déle un trago de agua.

Diga: ¡Dios mío! Hoy estoy realmente sedienta! ¿Ustedes tienen sed? ¡El agua es tan refrescante…! ¿Les gustaría un poco de agua? Esta agua sabe deliciosa.

Déles sus propias botellas de agua e invíteles a trabajar en *El misterio de Moisés*. Sugiérales que doblen la hoja por las líneas punteadas para completar la imagen y que peguen los dobleces por la parte de atrás de la hoja. Finalmente, pídales que coloreen el dibujo.

Pregunte: Resolvamos el misterio. ¿Quién aparece en el dibujo? (*Moisés.*) **¿Qué tiene en la mano?** (*Una vara.*) **¿Qué está haciendo con esa vara?** (*Golpeando una roca.*) **¿Y qué está saliendo de la roca?** (*Agua.*) **En la historia de hoy los israelitas se encuentran viajando por el desierto. Ellos necesitan beber agua. Dios les provee de agua y de todo lo que necesitan para sobrevivir en el desierto.**

Materiales:
platos blancos de cartón
crayones

Accesorios de Zona®:
ninguno

Haciendo caras

Diga: Pongan cara de felicidad. ¿Qué hace que una cara parezca feliz? ¿Podrían poner caras de tristeza? ¿Qué hace que una cara parezca triste?

Reparta los platos de cartón y los crayones. Pida que dibujen una cara feliz en un lado del plato, y una cara triste en el otro lado. Anímeles a trazar los rasgos faciales. Como estas caras felices y tristes se usarán para responder en la historia bíblica, practique ahora.

Diga: En nuestra historia bíblica de hoy, escucharemos algunos momentos felices y otros tristes que los israelitas experimentaron mientras viajaban por el desierto. Cuando viajamos también tenemos momentos felices e tristes. Levanten su cara feliz cuando yo diga algo divertido. Levanten su cara triste cuando me queje. ¿Listos? Vámonos al Parque Acuático. (*Pause.*) **Escuchemos nuestra música favorita** (*Pause.*) **Tengo mucha sed.** (*Pause.*) **Saquemos algunas bebidas de la neverita.** (*Pause.*) **Estoy aburrida.** (*Pause.*) **¿Falta mucho para llegar?** (*Pause.*) **Necesito ir al baño.** (*Pause.*) **Nos detendremos aquí para buscar comida y pasar al baño.** (*Pause.*) *Seguimos camino al* **parque acuático.** (*Pause.*) **Sigo con hambre.** (*Pause.*) **Él me pegó.** (*Pause.*) **Ella me puso un sobrenombre** (*Pause.*) **¡Qué bueno! Estamos en el parque acuático. ¡Vamos a nadar!** (*Pause.*) **Cuando usemos estas caras en la historia, ustedes notarán que los israelitas sólo se quejaban por la falta de agua y comida. Dios les respondió dándoles lo que necesitaban.**

Escoja una o más actividades para sumergir a sus estudiantes en la historia bíblica.

Sé un chef rana

Póngase el **sombrero de rana**.

Diga: ¡Buen provecho! Soy el Chef Rana, y mi comida favorita son las papas fritas.

Quítese el sombrero y déselo a uno de sus estudiantes. Pida que diga, "Soy el Chef Rana, y mi comida favorita es... (*que diga su platillo favorito*)". Pase el sombrero. Cuando todos hayan tenido su turno, recoja el sombrero.

Diga: Sus platillos favoritos suenan deliciosos. Los israelitas también tenían sus platillos preferidos. Mientras caminaban por el desierto, ellos no podían encontrar nueces, ni cereales, ni frutas, ni los vegetales que les gustaban. De hecho, tenían mucha hambre. Ellos tenían tanta, pero tanta hambre que algunos deseaban haberse quedado en Egipto como esclavos porque al menos allí tenían comida que comer. Dios escuchó sus quejas y les dio lo que necesitaban. Dios nos da también las cosas que necesitamos.

Materiales:
ninguno

Accesorios de Zona®:
sombrero de rana

La olla quejumbrosa

Pida a sus estudiantes que se sienten formando un círculo. Ponga la olla en el centro del círculo. Entregue cada niño o niña tres **canicas**. Dígales que ahora tendrán la oportunidad de quejarse, de la escuela y la tarea, de sus padres y los quehaceres de la casa, por el tiempo, por sus zapatos, por una canción en la radio, por lo que sea que deseen quejarse. Cada estudiante se puede quejar por tres cosas solamente; una vez por cada canica. Después de que cada estudiante haya tomado su turno, pondrá su canica en la olla quejumbrosa. El juego se termina cuando todas las canicas estén en la olla. Cerciórese de que cada vez que alguien se queje ponga su canica en la olla quejumbrosa.

Cuando terminen, recoja la olla quejumbrosa llena de canicas y agítela.

Diga: Eso suena como un montón de canicas, y todos ustedes sonaron como los israelitas quejándose en el desierto. ¿Pueden explicarme la diferencia entre algo que necesiten y algo que quieren? A veces nos preocupamos, oramos, nos quejamos o buscamos ayuda cuando verdaderamente necesitamos algo. Sus amigos, familia, maestros y familia de la iglesia se preocupan por ayudarles con las cosas que necesitan. A veces Dios les da las cosas que necesitan por medio de estas personas. Hay una gran diferencia entre necesitar zapatos nuevos, comida caliente o un lugar seguro para dormir, y desear los súper tenis que están de moda, cenar en un lugar muy caro, o un cuarto totalmente redecorado. Cuando ustedes hablen con Dios sobre su vida, traten de recordar cuáles son sus verdaderas necesidades, antes que las cosas que deseen.

Materiales:
olla pequeña (o canasta o recipiente)

Accesorios de Zona®:
canicas

PRIMARIOS MENORES: LECCIÓN 8

Historia de la  Bíblica

Los sedientos y hambrientos peregrinos

Saque una copia de la historia si tienes a un lector que pueda disfrutar haciendo del israelita que se queja. De no ser así, interprete usted ambos papeles, el del israelita y el de Moisés.

Todos participarán en la historia usando las caras que hicieron en los platos en una actividad anterior.

Explique a sus estudiantes que mientras escuchan la historia deben poner atención a dos señales para usar sus caras.

Cuando escuchen "¡Bu, Moisés!", tienen que levantar sus caras tristes y repetir "¡Bu, Moisés!" Cuando escuchen "¡Dios nos da lo que necesitamos!", van a levantar sus caras felices y repetir "¡Dios nos da lo que necesitamos!"

Moisés: Hemos cruzado el Mar Rojo. Ahora debemos dirigirnos hacia le desierto de Sur.

Israelita: Hemos caminado durante tres días sin agua. **¡Bu, Moisés!**

Moisés: Aquí en Mara hay un poco de agua. Beban y ya no tendrán sed. **Dios nos da lo que necesitamos.**

Israelita: ¡Qué barbaridad! Esta agua es amarga. **¡Bu, Moisés!**

Moisés: Justamente, aquí está el arbusto para endulzar el agua. **Dios nos da lo que necesitamos.**

Israelita: Supongo que esta agua endulzada nos ayudará a seguir nuestro caminando.

Moisés: Si escuchamos al Señor y hacemos lo correcto, entonces el Señor nuestro Dios será bueno con nosotros. ¡Miren! ¡Hay un oasis con doce manantiales y setenta palmeras! **Dios nos da lo que necesitamos.**

Israelita: Acampemos aquí.

Moisés: Pueblo, es tiempo de irnos. Debemos buscar la tierra prometida.

Israelita: ¡Moisés! Hemos estado caminando durante dos meses y medio. Ya se acabó nuestra comida. Tenemos hambre. Tal vez debimos quedarnos en Egipto. **¡Bu, Moisés!**

Moisés: Dios ha escuchado sus lamentos. En la mañana Dios hará llover pan sobre la tierra. En la tarde, Dios enviará codornices. **Dios nos da lo que necesitamos.**

Israelita: Veo algo en la tierra. ¿Qué es eso? ¡Comida! Lo llamaré *maná*.

Moisés: Éste es pan de Dios. Recojan lo suficiente para que su familia coma hoy. No guarden nada para mañana porque se va a llenar de gusanos.

Israelita: ¡Sabe dulce! **Dios nos da lo que necesitamos.**

Moisés: Dios quiere que todos descansen el séptimo día, así que el sexto día recojan maná suficiente para dos días. Dios no permitirá que se eche a perder. Descansen y honren a Dios en el séptimo día. Recuerden, Dios nos liberó de la esclavitud. **Dios nos da lo que necesitamos.**

Israelita: El pan y la carne están muy buenos, ¡pero necesitamos agua otra vez! ¡Queremos agua! ¡Queremos agua! **¡Bu, Moisés!**

Moisés: ¿Por qué se quejan conmigo? ¿Por qué ponen a prueba a Dios?

Israelita: Nos morimos de calor y estamos muy cansados. Queremos agua. **¡Bu, Moisés!**

Moisés: ¡Dios los ha escuchado! Dios me indicó que fuera hasta una roca en el monte Horeb en busca de agua buena. **Dios nos da lo que necesitamos.**

Israelita: ¡Miren! Moisés golpea la roca con su vara. ¡Ahora el agua sale a borbotones! **Dios nos da lo que necesitamos.**

Moisés: Sí. Una y otra vez, Dios les escucha y les da lo que ustedes necesitan.

Dios nos da las cosas que necesitamos.

Escoja una o más actividades para sumergir a sus estudiantes en la historia bíblica.

Materiales:
Biblia

Accesorios de Zona®:
pelotas flexibles de colores

Alabanza con los pies

¡Aprendan el versículo bíblico al ritmo de los pies! Divida a sus estudiantes en dos equipos. Pídales que formen dos líneas de frente a usted. Muéstreles dónde se encuentra el versículo bíblico del día de hoy.

Déle una pelota de colores al niño o niña del extremo izquierdo de cada equipo. Cada vez que se repita el versículo, la pelota se moverá a la derecha hasta que todos la hayan tenido en las manos. Dígales a los equipos que repitan las palabras del versículo después de usted y los movimientos con que los acompaña. Explique que cuando el estudiante que tenga la pelota le vea ahuecando las manos es tiempo de pasar la pelota.

Diga: **Da gracias al Señor** (*patalea con el izquierdo, patalea con el derecho, pausa*)
por su amor, (*patalea con el izquierdo, patalea con el derecho, pausa*)
¡por lo que hace (*patalea con el izquierdo, patalea con el derecho, pausa*)
en favor (*patalea con el izquierdo, patalea con el derecho, pausa*)
de las personas! (*ahueca las manos, pausa*)

Diga: **¡Ya se aprendieron el versículo de hoy! Alabamos al Señor por amarnos, por darnos las cosas que necesitamos y por todo lo maravilloso que hay en nuestras vidas.**

Materiales:
pliego de papel crepé u hojas grandes de papel y cinta adhesiva
crayones

Accesorios de Zona®:
ninguno

Mural de cosas maravillosas

Cuelgue un pliego grande de papel en la pared o extiéndalo sobre una mesa, pida a sus estudiantes que se acomoden al rededor de ella con sus crayones. También puedes usar hojas individuales de papel.

Invíteles a dibujar todas las cosas maravillosas que se les ocurran: gente, lugares, juguetes, inventos, comida, maravillas naturales, animales, tecnología, juegos y cualquier cosas. Permita cinco minutos para dibujar.

Cuando hayan terminado, anímeles a que señalen y mencionen las cosas que hayan dibujado.

Si sus estudiantes trabajaron en la mesa, cuelgue el mural en la pared, o pegue las hojas individuales juntas para crear un mural que pueda colgar. Admire el mural y luego diríjales para repetir el versículo una vez más.

 de Vida

Escoja una o más actividades para que la Biblia cobre significado en la vida diaria.

Celebra cantando

Toque "Caminando por el desierto" **(disco compacto, pista 18)**. Tóquelo una segunda vez, cante con sus estudiantes. Enséñeles estos movimientos:
Caminando por el desierto: camine balanceando los brazos.
Con mucha hambre: frótese el estómago.
El maná nos ha enviado: recoja maná del suelo, simule comer.
Darle gracias todos debemos: junta las manos para orar.

Toque el cántico otra vez y dirija a los niños y las niñas para cantarlo y hacer los movimientos.

Caminando por el desierto

Caminando por el desierto, por el desierto, por el desierto.
Caminando por el desierto, Dios cuidará de mí. (*¡Sí señor!*)
Dios cuidará de mí. (*¡Sí señor!*)
Dios cuidará de mí. (*¡Sí señor!*)
Caminando por el desierto, Dios cuidará de mí.

Caminando con mucha hambre, con mucha hambre, con mucha hambre.
Caminando con mucha hambre, Dios cuidará de mí. (*¡Sí señor!*)
Dios cuidará de mí. (*¡Sí señor!*)
Dios cuidará de mí. (*¡Sí señor!*)
Caminando con mucha hambre, Dios cuidará de mí. (*¡Sí señor!*)

El maná nos ha enviado, ha enviado, ha enviado,
El maná nos ha enviado, Dios cuidará de mí (*¡Sí señor!*)
Dios cuidará de mí (*¡Sí señor!*)
Dios cuidará de mí (*¡Sí señor!*)
El maná nos ha enviado, Dios cuidará de mí (*¡Sí señor!*)

Darle gracias todos debemos, todos debemos, todos debemos,
darle gracias todos debemos, Dios cuidará de mí.
Dios cuidará de mí (¡Sí señor!)
Dios cuidará de mí (¡Sí señor!)
Darle gracias todos debemos, Dios cuidará de mí (¡Sí señor!)

LETRA: Judy Jolly; trad. Carmen Saraí Pérez
MÚSICA: Tradicional
© 2002 Cokesbury; trad. © 2007 Abingdon Press, admin. por The Copyright Co., Nashville, TN 37212

Materiales:
tocadiscos de discos compactos

Accesorios de Zona®:
disco compacto

 # de Vida

Escoja una o más actividades para que la Biblia cobre significado en la vida diaria.

Materiales:
Reproducible 8B
lápices o crayones

Accesorios de Zona®:
ninguno

Persona, lugar o cosa

Antes de la clase saque copias del **Reproducible 8B** para todos sus estudiantes.

Entrégueles las copia y lápiz o crayones. Quizá necesite formar parejas de estudiantes lectores con no-lectores.

Diga: Miren su hoja. En ella pueden ver gente que necesitamos, lugares que necesitamos y cosas que necesitamos. Escuchen mientras leo las palabras de arriba hacia abajo. Tracen una línea entre la palabra y su dibujo correspondiente.

Cuando terminen, discuta con sus estudiantes acerca de sus necesidades.

Diga: Todas estas son cosas maravillosas que necesitamos cada día. Dios nos da las cosas que necesitamos.

Materiales:
ninguno

Accesorios de Zona®:
ninguno

Oración

Pídales a sus estudiantes que formen un círculo para la oración final. Invíteles a llenar en silencio los espacios en blanco según ora.

Ora así: Querido Dios, te damos gracias por darnos las cosas que necesitamos: un amigo a quien le caigo bien en los buenos y en los malos días (*pausa*); mis platillos favoritos (*pausa*) y también los que no lo son (*pausa*); el agua que tomo cuando tengo muchas sed (*pausa*) el lugar más cómodo en la casa donde vivo (*pausa*); los momentos felices con mi familia (*pausa*); la ropa tan confortable que uso (*pausa*); y poder venir al templo (*pausa*). Por todas estas cosas y todas las demás necesidades que tenemos, te damos las gracias por todos los regalos que nos das. Amén.

 Dios nos da las cosas que necesitamos.

Haga una copia de Zona Casera® para cada estudiante

ZONA BÍBLICA®

Casera para padres

Versículo bíblico
Da gracias al Señor por su amor, ¡por lo que hace a favor de las personas
Salmos 107:8

Historia bíblica
Éxodo 15:22–17:7

Tras salir de Egipto, Moisés llevó a los israelitas al desierto. Al principio la gente le pidió agua a Moisés, luego comida. Pero Moisés no estaba solo. Dios proveyó lo que los israelitas necesitaban para sobrevivir. Hoy su hijo o hija escuchó acerca de las necesidades y quejas de los israelitas, y de cómo Dios respondió a sus lamentos. También se habló sobre las necesidades básicas de los seres humanos: agua, comida, ropa y refugio, así como el amor de la familia, la compañía de los amigos y la fe en Dios. Se presentó la diferencia entre las cosas que se desean y las que son necesidades. La mayoría de los padres sabe que este asunto surge en el hogar una y otra vez. ¡Éste es un gran momento para hablar sobre ello!

Vagando en la naturaleza

Experimente la naturaleza en su región del país. Para observaciones incisivas de la creación de Dios, considere estas divertidas opciones:

Recolectar: rocas bonitas o conchas, hojas según su tipo, flores silvestres o hierbas.
Identificar: insectos, huellas de animales, aves.
Hacer mapas: use papel, lápiz y compás para trazar un mapa sencillo a partir de su caminata.
Tomar fotos: tome una cámara y haga un registro fotográfico de la excursión.
Grabar: lleve una grabadora y haga una bitácora de audio: cantos de pájaros, corrientes de agua, hojas crujiendo, zumbidos de insectos y su propia voz haciendo comentarios de la naturaleza.

¡No olvide llevar agua y comida consigo!

Maná milagroso

¡Hornee nada menos que su propio maná!

Necesitará un paquete de pasta de hojaldre, descongelada (la puede encontrar junto a las tartaletas congeladas, ⅓ de barra de mantequilla, ⅓ de taza de miel o almíbar de arce, tres cucharadas de azúcar, aceite en rociador (opcional: una cucharadita de cilantro).

Precaliente el horno a 400 grados. Derrita la mantequilla con la miel o el almíbar. Revuelva con el azúcar y el cilantro opcional. Para comenzar la preparación de las capas, cubra la bandeja para hornear con aceite en rociador para que no se pegue y ponga una hoja de hojaldre en la lámina. Trabaje rápidamente antes de que las hojas se sequen. Barnice con la mezcla de mantequilla, después ponga otra hoja encima. Repita hasta que haya barnizado ocho capas de hojaldre. Hornee hasta que se dore y que sólo se tuesten las orillas. Retire del horno y corte en pedacitos inmediatamente.

Dios nos da las cosas que necesitamos.

Permiso de fotocopiado otorgado para uso de la iglesia local. © 2007 Abingdon Press.

PRIMARIOS MENORES: LECCIÓN 8

El misterio de Moisés

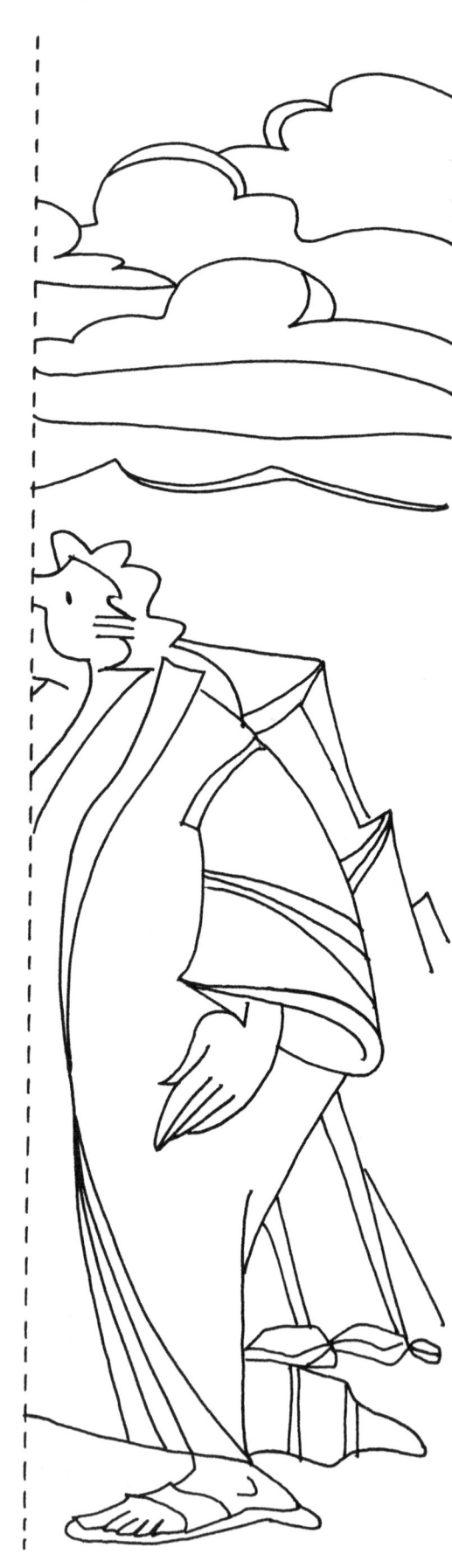

Gente, lugar o cosa

Traza una línea entre los dibujos de las cosas que Dios nos da y la palabra que describe a cada cosa. Da gracias por las cosas maravillosas que Dios nos provee.

Comida

Agua

Amigos

Familia

Casa

Iglesia

Den gracias al Señor por su amor, por lo que hace en favor de las personas.
Salmo 107:8

Los Diez Mandamientos

Entra a la

Versículo bíblico

Si ustedes me obedecen en todo y cumplen mi alianza, serán mi pueblo preferido.

Éxodo 19:5

Historia bíblica
Éxodo 19:1-20; 20

Dios dispuso un escenario dramático ese día: el cielo lleno de relámpagos y truenos, el monte Sinaí resplandecía y había una voz que retumbaba como una poderosa trompeta. Sin embargo, el verdadero corazón de esta historia es la serie de reglas que Dios les dio a los Israelitas. Esas reglas hoy son conocidas como los "Diez Mandamientos", que constituyen la base para la ley de la nación hebrea y, a la vez, la base para los códigos legales en muchos países.

Los cristianos abrazaron los Diez Mandamientos. Los primeros cuatro hablan sobre nuestra relación con Dios. Los últimos seis nos hablan sobre cómo convivir unos con otros. Jesús dejó claro que tenemos que obedecer los mandamientos de Dios, pero añadió uno más: "Que se amen los unos a los otros. Así como yo los amo a ustedes" (Juan 13:34). Como guía para amarnos como Jesús nos amó, los Diez Mandamientos son tan relevantes en la actualidad como lo fueron aquel día en el monte Sinaí.

Las normas están en todos lados: en la escuela, en los equipos deportivos, en la familia, en la comunidad. ¡Los niños y las niñas se cansan de las reglas! ¿Cómo les ayudamos a entender la importancia de los Diez Mandamientos? Esta lección incluye actividades que les ayudan a comprender que no todas las reglas son buenas. La lección hace hincapié en que, a diferencia de las reglas tontas, los Diez Mandamientos son normas de Dios. Seguirlas nos ayudará a convivir unos con otros como Dios quiere.

Una manera de ayudar a sus estudiantes a entender la importancia de los Diez Mandamientos es discutirlos en términos de la vida real. Incluso los niños y las niñas de educación primaria comprenden el horror del asesinato, la frustración de vivir en un mundo lleno de crimen, los sentimientos que provocan los celos y la incertidumbre que la mentira puede traer a nuestras vidas. Hable de manera abierta y concreta sobre las consecuencias de violar los mandamientos. A la niñez no le gusta ser sermoneada acerca de las reglas, así que hable con seriedad sobre los mandamientos, pero al mismo tiempo afirme las buenas intenciones de sus estudiantes. Dios prometió hacer de ellos y ellas sus personas favoritas, asimismo siéntase orgullosa/o y feliz de hacerles ¡sus estudiantes preferidos de Zona Bíblica!

Dios nos da reglas para ayudarnos a vivir juntos.

Vistazo en la

ZONA	TIEMPO	MATERIALES	ACCESORIOS DE ZONA
Acércate a la ZONA®			
Hora de llegada	10 minutos	Reproducible 9A, crayones rojos, anaranjados, negros y cafés	ninguno
Rana directora	5 minutos	ninguno	sombrero de rana
Zona Bíblica®			
Desiré, ¿me permites?	5 minutos	ninguno	rana inflable, araña afelpada, jeeps de safari, juego de atrapa a la rana, títeres de rana para los dedos, pelotas flexibles
Merienda tonta	5 minutos	galletas en emparedado, malvaviscos, jugo, sorbetes, vasos, servilletas	ninguno
Los Diez Mandamientos	10 minutos	papel, materiales de arte	ninguno
Búsqueda de palabras	5 minutos	Reproducible 9B, lápices	ninguno
Versículo en cadena	5 minutos	Biblia	ninguno
Zona de Vida			
Celebra cantando	5 minutos	tocadiscos de discos compactos	disco compacto
Carrera de mandamientos	5 minutos	pliegos de papel, marcadores o crayones, tachuelas o cinta adhesiva	ninguno
Cuenta con los dedos	5 minutos	ninguno	ninguno

 * Los Accesorios de Zona® se encuentran en el **Paquete de DIVERinspiración®**.

Acércate a la ZONA

Escoja una o más actividades para capturar el interés de sus estudiantes.

Materiales:
Reproducible 9A crayones rojos, anaranjados, negros y cafés

Accesorios de Zona®:
ninguno

Hora de llegada

Fotocopie con tiempo el **Reproducible 9A**, uno por estudiante.

Cuando lleguen entrégueles sus copias.

Diga: Ésta es una foto de un lugar que aparece en la Biblia, donde ocurrió un acontecimiento muy importante. Para resolver el misterio, colorea con rojo o anaranjado cada puntito y con negro o café cada equis o cruz.

Cuando hayan terminado de colorear, la imagen revelará el monte Sinaí despidiendo humo y llamas.

Pregunte: ¿Qué encontraron? Parece un volcán, pero es el monte Sinaí, donde Dios le dio los Diez Mandamientos a Moisés. Los Diez Mandamientos son las reglas que Dios quería que los israelitas siguieran. Cuando Dios le dijo a Moisés que subiera a la montaña para recibir los mandamientos, Dios causó que la montaña despidiera humo y llamas.

Materiales:
ninguno

Accesorios de Zona®:
sombrero de rana

Rana directora

Tome el **sombrero de rana**.

Diga: Éste es el sombrero de la Rana directora. Quienquiera que se lo ponga se convertirá en la Rana directora, la directora de la Escuela Primaria del Valle de los Charcos. Como toda buena escuela, en Valle de los Charcos hay reglas que los estudiantes deben seguir. Cuando sea su turno de usar el sombrero, digan, "Soy la Rana directora, y una buena regla en mi escuela es…"

Cuando todos sus estudiantes hayan dado una regla, póngase el sombrero e invente una regla tonta, mala, como, "Los niños y las niñas de mi escuela deberán echarse de zancadillas, pellizcarse y darse puñetazos unos a otros una vez al día".

Pregunta: ¿Mi regla fue buena? No, mi regla fue una regla mala. Es importante tener reglas buenas. Las reglas nos ayudan a trabajar, estudiar y vivir juntos. Las reglas que Dios nos da son reglas buenas.

ZONA BÍBLICA®

Escoja una o más actividades para sumergir a sus estudiantes en la historia bíblica.

Desiré, ¿me permites?

Antes de la clase piense en la lista de Accesorios de Zona a la derecha y en algunas cosas bobas que sus estudiantes pueden hacer con ellos durante "Desiré, ¿me permites?", un juego basado en "Madre, ¿me permites?", por ejemplo, "Sandra, pasa adelante y lanza al aire la **rana del juego de atrapadas**, luego la atrapa con una de las raquetas mientras cantas una canción, o "Miguel, pasa adelante, ponte los **títeres de rana** en los dedos y date las vuelta tres veces".

Alinée los Accesorios de Zona y tome la **rana inflable**.

Diga: Nuestra amiga Desiré Desierto los va a dirigir en el juego "Desiré, ¿me permites?" Ella les va a dar instrucciones para hacer algo bobo con los Accesorios de Zona, pero antes de que hagan lo que les pida, deberán decir: "Desiré, ¿me permites?" Ésa es la regla del juego. Si no se acuerdan de decir "Desiré, ¿me permites?", pierden su oportunidad de hacer algo bobo con el Accesorio de Zona. ¡Ésa es la regla del juego.

Tome a Desiré y haga que llame (con su voz boba de croar) a un niño o una niña a la vez para que haga algo tonto con un Accesorio de Zona. Deben decir "Desiré, ¿me permites?" antes de hacer lo que le ordene. Si se equivocan en la primera vuelta, déles la oportunidad de tener otro turno.

Diga: Gracias, Desiré, por dejarnos hacer "Desiré, ¿me permites?" con los Accesorios de Zona. (Baja Desiré.) Es divertido jugar juegos que tienen reglas que debemos seguir. En la vida real, Dios nos da reglas para ayudarnos a vivir juntos en armonía y amor. En la historia bíblica de hoy, Dios le da a Moisés los Diez Mandamientos. Dios quería que los israelitas prestaran atención y siguieran estas reglas.

Materiales:
ninguno

Accesorios de Zona®:
rana inflable
araña afelpada
jeeps de safari
juego de atrapa a la rana
títeres de rana para los dedos
pelotas flexibles

Merienda tonta

Diga: El día de hoy ustedes van a tener una merienda tonta, y van a comer con reglas tontas. (*Dé a cada estudiante una galleta emparedada en una servilleta.*) **Sólo se pueden comer su galleta si separan las dos partes, se comen la capa de dulce primero y después las dos mitades.** (*Cuando hayan terminado sus galletas, déle dos malvaviscos a cada uno.*) **Sólo se pueden comer sus malvaviscos si los aplastan primero con todas sus fuerzas.** (*Cuando hayan terminado, déles medio vaso de jugo y un sorbete a cada uno.*) **Sólo se pueden tomar su jugo si primero hacen muchas burbujas con su sorbete.**

Diga: Espero que estas reglas tontas hayan hecho su merienda más divertida. Pero les di reglas tontas para que entiendan que los Diez Mandamientos no son para nada tontos. Las reglas de Dios son buenas. Los Diez Mandamientos nos permiten vivir juntos en amor y paz.

Materiales:
galletas emparedadas
malvaviscos
jugo
sorbetes
vasos
servilletas

Accesorios de Zona®:
ninguno

PRIMARIOS MENORES: LECCIÓN 9

Historia de la

Los Diez Mandamientos

Mientras sus estudiantes escuchan la historia, se les pedirá que dibujen algunas de las personas, lugares y acontecimientos de los que oigan. Éste es un gran momento para introducir nuevos materiales para dibujar tales como crayones nuevos, marcadores o lápices de colores.

Aunque las hojas de papel tamaño carta son adecuadas, las hojas más grandes les darán a sus estudiantes más espacio para la expresión creativa.

Diga: Los museos del mundo están llenos de maravillosas obras de arte basadas en las historias de la Biblia. La historia de los Diez Mandamientos que escucharán enseguida, es una de las que han pintado los artistas. Según escuchan la historia, ustedes van a convertirse en artistas y van a dibujar algunas de las personas, lugares o acontecimientos de los que escuchen. Su trabajo artístico no tiene que ser perfecto, y no lo vamos a colgar en un museo. Esto es solamente una manera creativa de escuchar la historia y de divertirse con el arte.

Tal vez necesite recordarles nuevamente, mientras hace una pausa para que dibujen, que se trata de divertirse y que sus dibujos no tienen que quedar primorosos o muy realistas.

Las personas pueden ser figuras de palitos. Los dibujos pueden hacerse en cualquier parte de la hoja y no necesitan un orden particular.

Después de que el faraón le permitiera a los israelitas salir de Egipto, Moisés los llevó al desierto. Ellos caminaron y caminaron y caminaron. Después de dos meses, llegaron al pie de un monte llamado Sinaí.

(Pida a sus estudiantes que dibujen la montaña.)

En la mañana del tercer día, el cielo tronaba y relampagueaba.

(Pida que dibujen los relámpagos.)

Moisés le dijo a la gente que saliera del campamento para que conocieran a Dios, y ellos se quedaron parados al pie de la montaña.

(Pida que dibujen a Moisés y a la gente.)

Humo y llamas salían a torrentes de la montaña como si fuera un horno.

(Pida que dibujen el humo y el fuego.)

Entonces Dios le dijo a Moisés que la gente no debía subir a la montaña, pero que Moisés y su hermano Aarón sí podían.

(Pida que dibujen a Moisés y a Aarón cerca de la cima de la montaña.)

Luego, la voz de Dios, que sonaba como una poderosa trompeta, dijo los Diez Mandamientos:

1. No adores a otros dioses aparte de mí.
2. No te hagas ningún ídolo.
3. No hagas mal uso del nombre del Señor tu Dios.
4. Recuerda que el sábado está consagrado al Señor.
5. Honra a tu madre y a tu padre.
6. No mates.
7. Sé fiel en el matrimonio.
8. No robes.
9. No digas mentiras en perjuicio de tu prójimo.
10. No desees nada que pertenezca a otra persona.

Dios nos da estos mandamientos para que podamos vivir juntos en amor. En honor de los Diez Mandamientos, dibujen diez corazones.

(*Cuando terminen, anímeles a mostrar sus dibujos a los demás.* **Diga: Es divertido ver cómo cada uno de ustedes ha dibujado esta fabulosa historia bíblica.**)

Dios nos da reglas para ayudarnos a vivir juntos.

Escoja una o más actividades para sumergir a sus estudiantes en la historia bíblica.

Materiales:
Reproducible 9B
lápices

Accesorios de Zona®:
ninguno

Búsqueda de palabras

Antes de la clase saque copias del **Reproducible 9B** para cada estudiante.

Entregue las copias de los palabragrama y un lápiz.

Diga: Desde que Dios dio los Diez Mandamientos, la gente los ha usado como guía para vivir el camino que Dios quiere que vivamos. Examinemos cada uno de ellos.

Conceda un tiempo para examinar cada uno de los mandamientos y para que sus estudiantes le den ejemplos de cómo se cumplen o se rompen los mandamientos. Si el tiempo lo permite, tal vez quiera leerlos varias veces al unísono.

Pídales que busquen en el recuadro las palabras destacadas en negrillas.

Materiales:
Biblia

Accesorios de Zona®:
ninguno

Versículo en cadena

Reúna a la clase. Tome una Biblia.

Diga: Cuando los israelitas llegaron al monte Sinaí, Dios le dijo a Moisés que les dijera: "Si ustedes me obedecen en todo y cumplen mi pacto, serán mi pueblo preferido" (Éxodo 19:5).

Pida a sus estudiantes que repitan el versículo bíblico después de usted.

Diga: Dios dijo estas palabras, pero Dios le dio estas palabras a todos los creyentes de la actualidad también. Dios quiere que obedezcamos los Diez Mandamientos. Si lo hacemos, Dios nos promete que también seremos sus personas preferidas. Celebremos la promesa de Dios haciendo una cadena del versículo.

Pida a sus estudiantes que se levanten y se dispersen por todo el salón. Elija a alguien para que comience la cadena. Esa personita irá con otra, le dirá el versículo y unirá su brazo con ella. La próxima irá con una tercera sin soltarse de la primera persona, las dos primeras le dirán el versículo a la tercera, y así sucesivamente hasta que todas las personas en la clase, incluyéndole, sean parte de la cadena.

Diga: Y ahora digamos el versículo una vez más, pero esta vez a todo pulmón, para que suene como una poderosa trompeta.

Diríjales para que lo digan con gran entusiasmo.

 de Vida

Escoja una o más actividades para que la Biblia cobre significado en la vida diaria.

Celebra cantando

Toque el cántico "Los Diez Mandamientos" **(disco compacto, pista 20)**. Diríjales para que canten. Luego muéstrales cómo contar los mandamientos levantando un dedo al aire por cada mandamiento. Cuando lleguen a la parte donde se mencionan a los Diez Mandamientos, hay que ondear las manos abiertas en el aire.

Diríjales para que canten otra vez, usando los movimientos de las manos.

Materiales:
tocadiscos de discos compactos

Accesorios de Zona®:
disco compacto

Los Diez Mandamientos

Era uno, eran dos, eran tres mandamientos.
Eran cuatro, eran cinco, eran seis mandamientos.
Eran siete, eran ocho, eran nueve mandamientos.
Diez Mandamientos Dios nos dio.
Todos los diez nos dio.
Para todos son.
Para todos son.
Para todos son.
Diez Mandamientos dio.

LETRA: Espiritual afroamericano; alt. 2002; trad. por Carmen Saraí Pérez
MÚSICA: Espiritual afroamericano; arr. por Allen Tuten
Arr. © 2001 Cokesbury; ; trad. © 2007 Abingdon Press, admin. por The Copyright Co., Nashville, TN 37212

Dios nos da reglas para ayudarnos a vivir juntos.

PRIMARIOS MENORES: LECCIÓN 9

Zona de Vida

Escoja una o más actividades para que la Biblia cobre significado en la vida diaria.

Materiales:
pliegos de papel
marcadores o crayones
tachuelas o cinta adhesiva

Accesorios de Zona®:
ninguno

Carrera de mandamientos

Antes de la clase, escriba los Diez Mandamientos con letras grandes en hojas de papel separadas. Numérelos. Tal vez necesite acortar algunos. Péguelos en diferentes partes del salón pero a la vista. Esta actividad funciona bien en un espacio más grande o afuera. Si están afuera, acomode las hojas de los mandamientos en el suelo. Si considera que su espacio no es adecuado para correr, entonces llame a la actividad "Caminata de mandamientos" y dígales a los niños y a las niñas que caminen hasta cada mandamiento.

Diga: Vamos a jugar a la "Carrera de los Diez Mandamientos". Cuando escuchen un número, corran hacia ese mandamiento. Tan pronto como llegue, deténganse y digan el mandamiento. Cuando todos hayan dicho ese mandamiento, mencionaré un número diferente.

Materiales:
ninguno

Accesorios de Zona®:
ninguno

Cuenta con los dedos

Diga: Esta semana piensen en los Diez Mandamientos mientras convivan con otras personas. ¡Son realmente buenas reglas! (*Pídales a sus estudiantes que muestren los dedos de la mano. Explique que va a mencionar cada mandamiento en la oración. Según los mencione, irán bajando dedo por dedo para irlos contando.*)

Ore así: Amado Dios, gracias por darnos los Diez Mandamientos para ayudarnos a entender cómo quieres que vivamos:

Número uno: No adores a otros dioses aparte de mí.
Número dos: No te hagas ningún ídolo.
Número tres: No hagas mal uso del nombre del Señor tu Dios.
Número cuatro: Recuerda que el sábado está consagrado al Señor.
Número cinco: Honra a tu madre y a tu padre.
Número seis: No mates.
Número siete: Sé fiel en el matrimonio.
Número ocho: No robes.
Número nueve: No digas mentiras en perjuicio de tu prójimo.
Número diez: No desees nada que pertenezca a otra persona.

Ahora, Dios vamos a levantar nuestros dedos, luego los vamos a juntar como hacemos cuando oramos. (Pause mientras juntan las manos.) Queremos seguir las reglas que nos has dado, pues nos ayudan a vivir juntos en amor y paz. Amén.

Haga una copia de Zona Casera® para cada estudiante.

 # Casera para padres

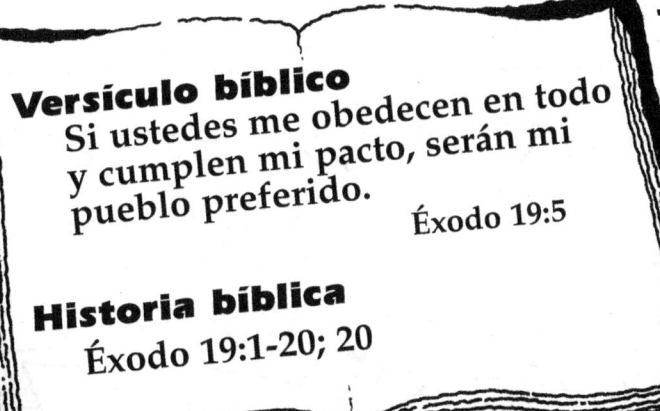

Versículo bíblico
Si ustedes me obedecen en todo y cumplen mi pacto, serán mi pueblo preferido.
Éxodo 19:5

Historia bíblica
Éxodo 19:1-20; 20

Moisés llevó a la gente al pie del monte Sinaí, donde Dios les dio los Diez Mandamientos: No alabes a otros dioses aparte de mí. No te hagas ningún ídolo. No hagas mal uso del nombre del Señor tu Dios. Recuerda que el sábado está consagrado al Señor. Honra a tu madre y a tu padre. No mates. Sé fiel en el matrimonio. No robes. No digas mentiras en perjuicio de tu prójimo. No desees nada que pertenezca a otra persona. Los Diez Mandamientos siguen siendo una excelente guía para vivir como Dios quiere que vivamos.

Practica los Diez

Aquí hay una manera divertida de practicar diciendo los Diez Mandamientos esta semana durante la cena:

La primera persona comienza diciendo, "Dios dio a Moisés los Diez Mandamientos y el primer mandamiento era…" La siguiente persona dice, "Dios dio a Moisés los Diez Mandamientos y el primer mandamiento era…, y el segundo mandamiento era…"

Y así hasta que se digan todos los mandamientos.

Honra a tu madre y a tu padre

Una de las mejores maneras de enseñar a los niños y las niñas a respetar a su papá y mamá es que éstos a su vez muestren respeto a sus propios padres.

De vez en cuando durante la cena, pase algún tiempo compartiendo memorias sobre sus padres. ¿Cuáles son algunos de sus recuerdos más tiernos de sus días de infancia con ellos? Hábleles por teléfono, escríbales un correo electrónico o envíeles una carta o tarjeta a sus padres y deje que su hijo le ayude a escribirla.

Haga un platillo o aperitivo que sus padres preparaban para usted cuando era chico.

Juegue un juego que usted solía disfrutar con ellos. Cante algunas de las canciones que le cantaban o enseñaban.

Léale un libro a su hijo o hija que sus padres le hayan leído en la niñez.

Ore por sus padres.

Dios nos da reglas para ayudarnos a vivir juntos.

El misterio de Moisés

¿Qué hay en el dibujo? Para descubrirlo, usa crayones rojos o amarillos, o marcadores, para colorear todas las figuras que tengan puntitos. Usa crayones negros o cafés, o marcadores, para colorear todas las figuras que tengan una equis o cruz.

Reproducible 9A

Permiso de fotocopiado otorgado para uso de la iglesia local. © 2007 Abingdon Press.

ZONA BÍBLICA®

Buscapalabras

Los Diez Mandamientos son reglas que nos ayudan a convivir unos con otros como Dios quiere que vivamos. En el cuadro de abajo busca las palabras que pertenecen a los mandamientos; se destacan en negrilla.

1. No adores a otros **dioses** aparte de mí.
2. No te hagas ningún **ídolo**.
3. No hagas **mal uso** del nombre del Señor tu Dios.
4. Recuerda que el **sábado** está consagrado al Señor.
5. Honra a tu **madre** y a tu **padre**.
6. No **mates**.
7. Sé fiel en el **matrimonio**.
8. No **robes**.
9. No digas **mentiras** en perjuicio de tu **prójimo**.
10. No desees nada que **pertenezca** a otra persona.

```
A M E S A B A D O B
P E R T E N E Z C A
R N D H G B X D S C
O T A M J M A T E S
J I P A M A L U S O
I R S D I D O L O Z
M A T R I M O N I O
O S S E B O R F D X
```

PRIMARIOS MENORES: LECCIÓN 9 — **Reproducible 9B**

Permiso de fotocopiado otorgado para uso de la iglesia local. © 2007 Abingdon Press.

Un santuario para Dios

Entra a la ZONA

Versículo bíblico

Vengan a las puertas y a los atrios de su templo con himnos de alabanza y gratitud [al Señor].

Salmo 100:4

Historia bíblica

Éxodo 35:1-35; 36:1-7

¿El edificio de tu iglesia está hecho de piedra, madera, ladrillo, aluminio y cristal? ¿Hay alguna iglesia hecha de lona, pértigas, clavijas y cuerdas en tu comunidad? Estructuras como éstas últimas generalmente se construyen para una campaña de reavivamiento, pero la mayoría de los lugares de adoración son estructuras permanentes.

Sin embargo, una tienda desmontable era exactamente lo que las tribus de Israel necesitaban mientras viajaban por el desierto. En la antigüedad era común utilizar tiendas como lugares sagrados. Algunas eran suficientemente pequeñas como para ser cargadas en el lomo de un camello; otras eran suficientemente grandes como para que entrara bastante gente. Estos aposentos religiosos ofrecían solaz, protección y un lugar de reunión para la gente.

La tienda del encuentro, o tabernáculo, y el Arca de la Alianza, estaban en el corazón de la tradición religiosa hebrea. Conforme los israelitas avanzaban por el desierto, sus experiencias con Dios incrementaban, y su fe se fortalecía. Dios les dio un lugar para que le adoraran en el día de reposo. Dios le dio a Moisés una lista de los materiales y destrezas específicas que se requerían para crear un lugar sagrado ricamente surtido, fragante, con un trabajo artesanal hermoso e impresionante. La gente dio con generosidad para la obra.

A través de Moisés Dios le recordó a la gente que el séptimo día debía ser dedicado a Dios como día de descanso. Hoy día cuando las personas cristianas asisten a la iglesia para alabar y adorar a Dios, honran éste antiguo mandamiento. Cuando asistimos al culto de adoración y participamos en el servicio, usamos nuestras mentes, corazones, voces, y a veces nuestras manos y pies.

Hoy sus estudiantes escucharán que podemos alabar y adorar a Dios de muchas maneras: escuchando la Palabra de Dios, cantando, orando, por medio de la expresión artística e incluso con danza litúrgica. La niñez al principio de la etapa primaria está empezando a aprender acerca de la adoración. Como maestras/os, líderes y padres, queremos que la introducción de la alabanza corporativa sea una experiencia agradable. Ayude a su grupo a disfrutar estos primeros pasos camino a una participación completa en la adoración de la iglesia.

Podemos alabar y adorar a Dios en muchas formas.

Vistazo a la

ZONA	TIEMPO	MATERIALES	ACCESORIOS DE ZONA®
Acércate a la ZONA®			
Hora de llegada	10 minutos	Reproducible 10A, lápices o crayones	ninguno
El pastor Rana	5 minutos	ninguno	sombrero de rana
Zona Bíblica®			
Visita el templo	5 minutos	opcional: fotografía del santuario de tu iglesia	ninguno
Tiempo y lugar para adorar	10 minutos	Reproducible 10B, lápices, vara, manto	ninguno
Sé artístico	5 minutos	trapos viejos, láminas de aluminio, gemas de plástico o escarcha de brillo, hilo de tejer de colores, crayones, pegamento blanco, tijeras, papel de construcción	ninguno
Alaba a Dios	5 minutos	ninguno	sombrero de fieltro
Zona de Vida			
Celebra cantando	5 minutos	tocadiscos de discos compactos (opcional: cintas de papel crepé, cinta o tela)	disco compacto
Maneras de alabar	5 minutos	ninguno	pelota con confeti
Bocadillos favoritos	5 minutos	bocadillos favoritos, tales como: rosca de pan, donas o un plato de fruta; bebida, vasos, servilletas	ninguno
Escribe una oración	5 minutos	papel, lápices	ninguno

* Los Accesorios de Zona® se encuentran en el **Paquete de DIVERinspiración®**.

Acércate a la

Escoja una o más actividades para capturar el interés de sus estudiantes.

Materiales:
Reproducible 10A
lápices o crayones

Accesorios de Zona®:
ninguno

Hora de llegada

Fotocopie con tiempo el misterio de Moisés (**Reproducible 10A**), uno para cada estudiante.

Reciba a sus estudiantes pidiéndoles que le digan una palabra "grande" o "extravagante". Invíteles a decodificar una gran palabra de la Biblia, escondida en el Misterio de Moisés. Deben tachar una letra sí y una no, empezando por la primera, la "R".

Cuando hayan terminado de resolver el enigma, deletree y pronuncie la palabra con ellos. Luego repítanla tres veces.

Diga: Un tabernáculo es un lugar para adorar. Dios instruyó a Moisés y a los israelitas para que construyeran el primer tabernáculo y lo usaran mientras estuvieran en el desierto. El tabernáculo que construyeron era una tienda de campaña elegante donde alababan y adoraban a Dios. Los israelitas estaban muy deseosos de tener un lugar de adoración. Nosotros, también tenemos un lugar donde adorar y alabar a Dios.

Materiales:
ninguno

Accesorios de Zona®:
sombrero de rana

El pastor Rana

Reúna a sus estudiantes alrededor de usted, póngase el sombrero de rana.

Diga: Soy el pastor Rana. La parte que más me gusta de la adoración es cantar, la oración, la lectura de la Biblia, la ofrenda, la hora de los niños y el sermón. Oh, supongo que eso es más que una parte, ¿no? Me gusta mucho todo eso. Veamos... quizá mi parte preferida sea el sermón.

Pásele el sombrero a un niño una niña para que se lo ponga y diga, "Soy el pastor Rana", y mencione la parte que más le gusta de la adoración. Cuando todo el mundo haya tenido su turno, recoja el sombrero.

Diga: Cuando adoramos a Dios, usamos nuestra mente para comprender, nuestros corazones para sentir y nuestras voces para responder leyendo, orando y cantando.

Escoja una o más actividades para sumergir a sus estudiantes en la historia bíblica.

Visita el templo

Planifique una visita por el santuario. Como alternativa, enséñeles a sus estudiantes una o varias fotos del santuario.

Primero, guíe a sus estudiantes para que observen cualquier cosa hecha de metal, desde los candelabros, los aparejos de la Santa Cena o Comunión y las cruces hasta las monturas de las ventanas y los barandales. Fíjese y haga notar si se utiliza oro, plata o bronce.

Después, fíjese en los elementos de tela, que pueden ser estandartes, paños o los cojines de los asientos. Fíjese si hay bordados y si están presentes los colores azul, púrpura o rojo.

Busque objetos hechos de piel o que estén acentuados con piel, tales como cubiertas de Biblias, reclinatorios o cojines.

Identifique cualquier cosa hecha de madera, como las bancas, los pisos, el púlpito, el atril, las sillas las monturas de las ventanas o las mesas. Si está familiarizado con los tipos de madera, haga notar el piso de roble, la mesa de nogal y el piano de caoba.

Si en su templo se usan lámparas de aceite, incienso o cualquier tipo de fragancia, diga a los niños y las niñas que usen su olfato y ojos para encontrarlas. Si tienen flores frescas, tomen un momento para apreciar su aroma.

Finalmente, si alguna piedra semipreciosa decora un cáliz, una cruz o un candelero, hágalo notar. Si tu templo tiene vitrales, compare sus cualidades con las de las joyas.

Diga: En la historia bíblica de hoy van a escuchar acerca de los materiales que se necesitaron para construir el primer tabernáculo. Ahora acabamos de observar algunos de los mismos materiales que se usaron para construir nuestro templo: metal, tela, piel y madera. En vez de lámparas de aceite e incienso, muchas iglesias usan velas y flores. Todos estos materiales forman parte del lugar donde adoramos.

Materiales:
opcional: fotografía del santuario

Accesorios de Zona®:
ninguno

Podemos alabar y adorar a Dios en muchas formas.

PRIMARIOS MENORES: LECCIÓN 10

Historia de la  Bíblica

Tiempo y lugar para adorar

Para la historia bíblica de hoy usted va a interpretar el papel de Moisés, leyendo la historia como un monólogo.

Use un manto en la cabeza, profundice su voz si es necesario y golpee el piso con una vara o bastón (tómelo prestado del armario de disfraces) para apoyar su actuación.

Sus estudiantes participarán usando la lista (**Reproducible 10B**) de las aportaciones que se necesitaban para hacer el tabernáculo.

Saque una copia del reproducible para cada estudiante y una para usted. Tenga las copias y lápices a la mano para dárselas cuando los llame para narrar la historia.

Para asistir a los no lectores y a los que apenas empiezan a leer, pause en la lectura para marcar su lista.

La lista de los artículos están en el mismo orden en que los va a mencionar.

(*Cuente la historia como si fueras Moisés.*)

¡Vengan todos! ¡Reúnanse para escuchar las instrucciones que Dios nos ha dado para adorarle!

Primero, Dios dice que debemos trabajar durante seis días cada semana, pero en el séptimo día no debemos trabajar. Éste día es el sábado. Es un día sagrado, dedicado a Dios, así que ese día tenemos que descansar.

Además, ¡necesitamos un lugar de adoración! Dios me dice que las ofrendas serán bienvenidas para la construcción del santuario. Éstas son las cosas que se necesitan:

(*Reparta las listas y los lápices. Quédese con una copia.*)

Necesitamos oro… (*Pause para corroborar que le siguen.*)
plata… (*Pause para corroborar.*)
bronce… (*Pause para corroborar.*)
lana azul… (*Pause para corroborar.*)
lana púrpura… (*Pause para corroborar.*)
lino fino… (*Pause para corroborar.*)
pelo de cabra… (*Pause para corroborar.*)
piel curtida de carnero… (*Pause para corroborar.*)
piel fina… (*Pause para corroborar.*)
madera de acacia… (*Pause para corroborar.*)
aceite de oliva… (*Pause para corroborar.*)
especias aromáticas… (*Pause para corroborar.*)
incienso… (*Pause para corroborar.*)
piedras de ónix… (*Pause para corroborar.*)
y gemas preciosas. (*Pause para corroborar.*)

Ofrezcan lo que puedan como un regalo a Dios. No se les va a forzar para que den nada. Más bien, deben dar sus regalos libremente y como lo sientan en su corazón.

Junto a sus regalos, Dios también va a necesitar sus habilidades para elaborar todo lo que se necesite para la tienda sagrada y para nuestra adoración.

Déjenme ver lo que está en la lista de cosas que necesitamos hacer: las cubiertas de las tiendas y sus ganchos… (*Pause para corroborar.*)
el armazón de tablas y travesaños… (*Pause para corroborar.*)
postes y bases… (*Pause para corroborar.*)
el arca de la alianza con sus varas… (*Pause para corroborar.*)
el oratorio… (*Pause para corroborar.*)
el velo que lo cubre… (*Pause para corroborar.*)
la mesa con sus utensilios… (*Pause para corroborar.*)
el pan de la presencia… (*Pause para corroborar.*)
una cortina para la entrada del santuario… (*Pause para corroborar.*)
el candelero, lámparas, aceite y demás utensilios… (*Pause para corroborar.*)
el altar del incienso con sus varas… (*Pause para corroborar.*)
el incienso aromático y el aceite de consagrar… (*Pause para corroborar.*)
el altar de los sacrificios con su rejilla de bronce… (*Pause para corroborar.*)
cortinas para el patio… (*Pause para corroborar.*)
un enrejado con sus bases… (*Pause para corroborar.*)
estacas y cuerdas… (*Pause para corroborar.*)
y las ropas de los sacerdotes. (*Pause para corroborar.*)

¡Oh, estoy lleno gozo! Vayan a buscar sus regalos y ofrendas. Ahora podremos comenzar. ¡Maravilloso! Veo a mujeres que tejen telas y a otras personas que las están cosiendo. ¡Juntos haremos un lugar de adoración!

¡Escuchen! Dios ha llamado a dos personas especiales para que nos ayuden: Bezalel y Oholiab. Dios les ha llenado de su espíritu, les ha dado sabiduría, las habilidades de los artesanos y mucha creatividad artística, saben diseñar, trabajar el metal, tallar la madera y piedras preciosas, así como bordar y tejer. ¡Y nos van a enseñar a hacerlo también!

Ahora, trabajadores, ¡vengan todos a hacer el santuario! Aquí tienen todo lo que necesitan.

¿Qué pasa? ¿Hay más de lo que necesitan? Le diré al pueblo que deje de traer regalos.

¡Escuchen, gracias por todo lo que han dado para nuestra casa de adoración! Tenemos suficiente. De hecho, tenemos más que suficiente. ¡Dios será alabado!

Escoja una o más actividades para sumergir a sus estudiantes en la historia bíblica.

Materiales:
trapos viejos
láminas de aluminio
gemas de plástico o escarcha de brillo
hilo de tejer de colores
crayones
pegamento blanco
tijeras
papel de construcción

Accesorios de Zona®:
ninguno

Sé artístico

De a sus estudiantes la oportunidad de diseñar y crear dibujos sobre los artículos que escucharon en la historia, como lámparas, arcas, ropa y altares. Quizá también, elijan recrear algunos de los artículos que observaron en la visita a su propio santuario.

Ponga en la mesa los materiales e invite al grupo a ser artístico. Que empiecen con papel de construcción como base.

Cuando completen su trabajo, admire sus creaciones y pida que describan sus dibujos.

Diga: Dios quiso que los israelitas usaran sus habilidades artísticas para que le alabaran y adoraran. Nosotros también podemos usar nuestras habilidades artísticas para alabar a Dios.

Tal vez quiera decir algunas palabras acerca de cómo los miembros de tu congregación usan sus habilidades artísticas en su iglesia, como crear carteles, arreglar las flores o diseñar las portadas de los boletines.

Materiales:
ninguno

Accesorios de Zona®:
sombrero de fieltro

Alaba a Dios

Dirija a sus estudiantes para que canten el versículo bíblico con la tonada de "Rema, rema, rema tu bote".

Canta: Vengan a las puertas y a los atrios de su templo con himnos de alabanza y gratitud al Señor.

Saque el **sombrero de rana**. De a cada niño y niña la oportunidad de ser el pastor Rana mientras le dirige para que canten el versículo.

Diga: Es una alegría cantar. Cantar es una de las maneras en que podemos alabar y adorar a Dios.

 de Vida

Escoja una o más actividades para que la Biblia cobre significado en la vida diaria.

Celebra cantando

Diga: Una de las maneras en que la gente de la antigüedad adoraba a Dios era bailando. En la actualidad algunas iglesias incluyen la danza litúrgica en sus cultos. (*Explique que estas danzas usualmente son acompañadas por una cántico o himno cristiano.*)

Toque "Estaré siempre contigo" **(disco compacto, pista 11)**. Diga a sus estudiantes que mientras escuchan, tienen que recordar que Dios siempre está con ellos y ellas. Toque el cántico nuevamente. Esta vez, pídales que se dispersen por el salón y bailen al ritmo de la música. Si tiene listones de papel crepé o cintas, deje que las usen mientras bailan.

Toque "Cuán poderoso es Dios" **(disco compacto, pista 9)**. Enséñeles los movimientos que siguen:

Cuán poderoso es Dios, cuán poderoso es. (*Muestra los músculos en tus brazos.*)
Ángeles postrados. (*Inclínate de la cintura hacia abajo.*)
Cielo y tierra adórenle. (*Ondea las cintas.*)
Cuán poderoso es Dios. (*Muestra los músculos en tus brazos.*)

Estaré siempre contigo

Estaré siempre contigo.
Recuerda.
Mi protección te daré.
Recuerda.
Y a esta tierra te traeré.

LETRA: Génesis 28:15; trad. por Carmen Saraí Pérez
MÚSICA: June Fisher Armstrong
© 1990; trad. © 2007 CRC Publications. Todos los derechos reservados

Cuán poderoso es Dios

Cuán poderoso es Dios, cuán poderoso es.
Ángeles postrados.
Cielo y tierra adórenle.
Cuán poderoso es Dios.

LETRA: Anónimo; trad. por Diana Beach
MÚSICA: Anónimo
"Cuán poderoso es Dios" arreglo © 1996 Group Publishing, Inc. Todos los derechos reservados. No se permite la duplicación sin autorización. Usada con premiso

Materiales:
tocadiscos de discos compactos
(opcional: cintas de papel crepé o cintas)

Accesorios de Zona®:
disco compacto

PRIMARIOS MENORES: LECCIÓN 10

 de Vida

Escoja una o más actividades para que la Biblia cobre significado en la vida diaria.

Materiales:
ninguno

Accesorios de Zona®:
pelota de confeti

Maneras de alabar

Repase rápidamente las actividades de adoración que sus estudiantes recuerden de la lección: bailar, cantar, orar, mirar las velas, escuchar el sermón, ofrendar, siendo artístico, etc. Enseguida formen un círculo pequeño de manera que la pelota de confeti no sea lanzada con demasiado vigor. Juegue una versión de la "Papa caliente" lanzando la pelota por todo el círculo. Conforme la atrape cada estudiante, debe mencionar una forma de alabar a Dios. Juegue hasta que todos hayan atrapado la pelota.

Diga: ¡Podemos alabar y adorar a Dios de muchas y maravillosas maneras!

Materiales:
bocadillos favoritos, tales como: roscas de pan, donas o un plato de fruta
bebida
vasos
servilletas

Accesorios de Zona®:
ninguno

Bocadillos favoritos

Sirva el bocadillo favorito (por ejemplo: donas, roscas de pan, frutas,) junto con la bebida.

Invite a sus estudiantes a que socialicen, que hablen entre si, como si estuvieran reunidos después del culto de adoración en su iglesia.

Explíqueles que la amistad es uno de las bendiciones de ir a la iglesia.

Materiales:
papel
lápices

Accesorios de Zona®:
ninguno

Escribe una oración

Diga: Estamos agradecidos de que podamos alabar y adorar a Dios de muchas maneras. Escribamos ahora mismo nuestra propia oración de gratitud. Escribir y decir oraciones es otra manera de adorar a Dios.

Ore así: Amado Dios, estamos gozosos de alabarte y adorarte de muchas formas. Gracias porque te podemos adorar… (*Deje que los niños y las niñas mencionen maneras de hacerlo.*)

Cuando la oración termine, pídales que se levanten e inclinen sus cabezas y que lean la oración que escribieron.

Considere enviar la oración a su pastor para que la use en un servicio de adoración venidero.

Haga una copia de Zona Casera® para cada estudiante.

Zona Bíblica®

 # Casera para padres

Versículo bíblico
Vengan a las puertas y a los atrios de su templo con himnos de alabanza y gratitud [al Señor].
Salmo 100:4

Historia bíblica
Éxodo 35:1-35; 36:1-7

¿Le gusta cantar, bailar, escuchar historias, dar, ser artísticos u orar? Éstas son sólo algunas maneras en que adoramos y alabamos al Señor. El día de hoy su hijo o hija bailó, cantó escuchó una historia, creó arte y escribió una oración mientras exploraba lo que significa adorar y alabar a Dios. En la historia de hoy, del libro del Éxodo, Dios instruyó a Moisés para construir una tienda sagrada, un tabernáculo, para su adoración. Esta semana pase un tiempo hablando con su hijo o hija acerca de su iglesia y de por qué su familia ha escogido adorar a Dios allí.

Planee una comida

Pida a su familia que se involucre en planificar las comidas con que contribuye a las actividades de su iglesia.

Busquen juntos recetas para, sopas, ensaladas, platos principales, vegetales, platos principales, y postres. Permita que todos anoten sus preferidos en cada categoría. Junto con esta lista, anote los ingredientes necesarios y el nombre del recetario o archivo donde se encuentra la receta.

Cuando sea tiempo de poner manos a la obra, usen la lista para seleccionar el plato a llevar, compren los víveres y preparen el delicioso platillo. ¡Diviértanse, chefs cristianos!

¡Celebre su templo!

Haga un banderín o un cartel que celebre a su iglesia. Decórelo con el nombre de su iglesia, junto a cualquier lema, estribillo o pasaje de la Escritura asociado a su congregación. Incluya fotografías de acontecimientos o personas, así como dibujos del templo y características especiales de la iglesia, tales como un jardín de meditación, una cruz tallada en madera o un tapiz ilustrado.

Despliegue el cartel o el banderín en la casa o llévelo a la iglesia para compartir con la congregación.

Podemos alabar y adorar a Dios en muchas formas.

Permiso de fotocopiado otorgado para uso de la iglesia local. © 2007 Abingdon Press.

PRIMARIOS MENORES: LECCIÓN 10

El misterio de Moisés

Tacha una letra sí y una no, empezando por la primera (R).
Escribe las letras que queden en los espacios de abajo para decodificar
el misterio de Moisés de esta semana.

RTSANBVEBRANEAJCZUQLZO

_ _ _ _ _ _ _ _ _ _ _ _

La lista para el tabernáculo

Pon una palomita en cada artículo que oigas mencionar en la historia.

Materiales que se necesitan:

- ☐ Oro
- ☐ Plata
- ☐ Bronce
- ☐ Lana azul
- ☐ Lana púrpura
- ☐ Lino fino
- ☐ Pelo de cabra
- ☐ Piel curtida de carnero
- ☐ Piel fina
- ☐ Madera de acacia
- ☐ Aceite de oliva
- ☐ Especias aromáticas
- ☐ Incienso
- ☐ Piedras de ónix
- ☐ Gemas preciosas

Cosas que hay que hacer:

- ☐ Las cubiertas de las tiendas y sus ganchos
- ☐ El armazón de tablas y travesaños
- ☐ Los postes y bases
- ☐ El arca de la alianza con sus varas
- ☐ El oratorio
- ☐ El velo que lo cubre
- ☐ La mesa con sus utensilios
- ☐ El pan de la presencia
- ☐ Una cortina para la entrada del santuario
- ☐ El candelero, lámparas, aceite y demás utensilios
- ☐ El altar del incienso con sus varas
- ☐ El incienso aromático y el aceite de consagrar
- ☐ El altar de los sacrificios con su rejilla de bronce
- ☐ Cortinas para el patio
- ☐ Un enrejado con sus bases
- ☐ Estacas y cuerdas
- ☐ Ropas de los sacerdotes

La batalla de Jericó

Entra a la ZONA

Versículo bíblico

Yo, tu Señor y Dios, estaré contigo dondequiera que vayas.

Josué 1:9b

Historia bíblica

Josué 1:1-9; 5:13–6:20

Después de la muerte de Moisés, Josué, el segundo en mando, se convirtió en el líder escogido de Dios. Al llegar el momento de entrar en la "tierra de leche y miel", Josué guió a los israelitas a cruzar el río Jordán hacia las llanuras al este de Jericó.

Después de que los israelitas celebraron la Pascua en la nueva tierra, Dios le dio instrucciones detalladas a Josué para la conquista de Jericó. Durante seis días, una procesión tendría que marchar en silencio dando una vuelta alrededor de la ciudad. La procesión incluiría guerreros, sacerdotes con trompetas, sacerdotes que cargaran el arca de la alianza y una retaguardia. En el séptimo día, el contingente tendría que marchar dando siete vueltas alrededor de Jericó, luego caerían las murallas a los gritos y rugido de trompetas.

Jericó, a sólo cinco millas al oeste del río Jordán y a siete millas al norte del Mar Muerto, es considerada una de las ciudades más antigua del mundo. La localidad del Antiguo Testamento ya existía cinco mil años antes de Abraham; probablemente fue fundada 7,000 años a.C. Jericó, se encontraba a 800 pies bajo el nivel del mar, estaba construida en un refrescante oasis alimentado por muchos manantiales y la llamaban "La Ciudad de la Palmeras" por las abundantes palmeras de dátiles que crecían allí. Esos dátiles, al igual que la madera de bálsamo, eran parte de la economía del lugar. Además, Jericó controlaba las rutas comerciales hacia el Oriente, hacia Hebrón en el sur y hacia Palestina, el país de la colina. La ciudad fue restaurada por Herodes el Grande.

Evidencia encontrada en excavaciones en esta localidad, han revelado la existencia de murallas dobles de defensa en torno a la ciudad. La muralla exterior tenía seis pies de espesor, y la muralla interior medía doce pies de grosor. Un grupo de arqueólogos halló ambas murallas derribadas en la pendiente de un montículo, con una capa de ceniza, lo que apunta a un incendio en la ciudad. Algunos eruditos piensan que ésta es prueba de la batalla bíblica de Jericó. La sola idea de derrumbar semejante fortificación con trompetas y gritos parece increíble. La conquista de Jericó ciertamente da testimonio de la declaración de que "nada es imposibles para Dios".

Sus estudiantes encontrarán esta historia entretenida y llena de acción, mientras actúan las instrucciones de Dios. Esta lección no menciona el lado más oscuro de la batalla. Más bien se enfoca en lo emocionante del plan de Dios y en la ayuda que Dios le da a Josué y sus seguidores. Anime a sus niños y niñas a buscar la ayuda de Dios para sus vidas al enfrentar las situaciones y problemas de cada día.

Dios nos ayudará a superar las situaciones difíciles.

Vistazo a la

ZONA	TIEMPO	MATERIALES	ACCESORIOS DE ZONA
Acércate a la ZONA			
Hora de llegada	10 minutos	Reproducible 11A, crayones, tijeras, cinta adhesiva	ninguno
Feliz al ayudar	5 minutos	ninguno	sombrero de rana
Zona Bíblica			
Sopla tu cuerno	5 minutos	Reproducible 1B, crayones, tijeras, cinta adhesiva, engrapadora	ninguno
Siete días de Jericó	10 minutos	caja, trompetas de papel	ninguno
¡Se derrumban!	5 minutos	ninguno	ninguno
Repite el versículo	5 minutos	Biblia	títeres de rana para los dedos (opcional: ranas saltarinas)
Zona de Vida			
Celebra cantando	5 minutos	tocadiscos de discos compactos, trompetas de papel	disco compacto
Muros comestibles	5 minutos	galletas, queso en tubo, crema de malvavisco o crema de cacahuate, cuchillos, platos, servilletas	ninguno
Oración	5 minutos	ninguno	la rana pequeña

* Los Accesorios de Zona® se encuentran en el **Paquete de DIVERinspiración®**.

Acércate a la

Escoja una o más actividades para capturar el interés de sus estudiantes.

Materiales:
Reproducible 11A
crayones
tijeras
cinta adhesiva

Accesorios de Zona®:
ninguno

Hora de llegada

Antes de la clase, saque una copia del enigma de Josué para cada estudiante (**Reproducible 11A**).

Conforme lleguen, diga: ¡Hola! Tengo un acertijo para que piensen mientras resuelven el enigma de Josué. ¿Qué puede apoyar a un edificio o rodear un jardín? La clave está en su hoja.

Cuando todos hayan coloreado y recortado sus hojas, deje que adivinen la respuesta al acertijo: un muro.

Diga: Hoy aprenderemos acerca de un par de murallas que son parte de una asombrosa historia bíblica.

Pida a los niños y las niñas que armen los cuatro muros de sus hojas: primero deben recortarlas y luego pegar las esquinas con cinta adhesiva para formar un recuadro que se sostenga solito.

Pregunte: ¿Sus murallas son para dar sostén a un edificio o para rodear un lugar? (*Para rodear, pues sus partes superiores son desiguales.*) **Moisés murió, y Josué se convirtió en el nuevo líder de los israelitas. Él guió al pueblo a cruzar el río Jordán con rumbo a la tierra prometida. Llegaron a las llanuras que están a las afueras de la ciudad de Jericó. Las murallas de la historia de hoy fueron construidas para proteger la ciudad de Jericó. Dios le habló a Josué y le dijo cómo conquistar a Jericó. ¿Pero cómo podría alguien, quienquiera que fuese, pasar por unas murallas tan gruesas? Pronto descubrirán cómo Dios ayudó a Josué con esta difícil situación. También pensaremos acerca de cómo Dios nos puede ayudar con nuestras propias situaciones difíciles.**

Materiales:
ninguno

Accesorios de Zona®:
sombrero de rana

Feliz al ayudar

Póngase el **sombrero de rana**.

Diga: ¡Riquiti, ran, ran! Soy una rana feliz al ayudar. Justo ayer ayudé a mi amigo a encontrar su colección de moscas que estaba extraviada.

Cada estudiante tomará su turno para ponerse el sombrero, y decir, "¡Riquiti, ran, ran! Soy una rana feliz al ayudar a…" deberán completar la oración diciendo algo que hayan hecho o quieran hacer para ayudar a alguien. Cuando terminen, recoja el sombrero.

Diga: Todos necesitamos ayuda de vez en cuando. A veces sólo necesitamos un poquito de ayuda; pero otras veces necesitamos mucha ayuda. Dios nos puede ayudar, especialmente en situaciones difíciles.

ZONA BÍBLICA®

Escoja una o más actividades para sumergir a sus estudiantes en la historia bíblica.

Sopla tu cuerno

Fotocopie con tiempo el **Reproducible 1A** de "Sopla tu cuerno"; uno por estudiante.

Diga: Dentro del plan de Dios para derribar las murallas de Jericó estaban las trompetas, hechas con los cuernos de los carneros. Soplar por un hueco en el extremo puntiagudo del cuerno de carnero produce un sonido fuerte. Para nuestra historia, necesitamos cuernos. ¡Hagamos unos!

Pida a sus estudiantes que coloreen y luego recorten el patrón del cuerno. Conforme vayan terminando, pegue dos tiras chicas de cinta adhesiva en el extremo angosto de la V, sobre el lado decorado. La cinta protegerá la boquilla para que no se humedezca.

Engrape o pegue las orillas de los cuernos para cerrarlos. Dígales que tomen sus cuernos con delicadeza mientras practican a producir sonidos con ellos.

Diga: Dios le dio a Josué instrucciones precisas para conquistar a Jericó. Josué y los israelitas creyeron en Dios y siguieron este plan. Ellos soplaron sus trompetas y gritaron hasta que las murallas se vinieron abajo.

Permita a la clase practicar soplando las trompetas otra vez.

Diga: Cuando estés en una situación difícil que debes superar y necesites ayuda, no te quedes callado. Habla, busca a aquéllas personas en las que confías, y ora a Dios. Dios nos puede ayudar con situaciones difíciles.

 **Dios nos ayudará a superar las situaciones difíciles.**

Materiales:
Reproducible 1B
crayones
tijeras
cinta adhesiva
engrapadora

Accesorios de Zona®:
ninguno

PRIMARIOS MENORES: LECCIÓN 11

Historia de la  Bíblica

Siete días de Jericó

Sus estudiantes recrearán la conquista de Jericó usando las trompetas de papel. Los dos papeles serán de guerreros y sacerdotes.

Si tiene suficientes estudiantes, designe a siete para ser sacerdotes, y que los demás sean guerreros. Si tiene pocos, organice dos grupos iguales. Use una caja para el arca de la alianza.

Instruya a los sacerdotes que sostengan sus trompetas de papel. Usted va a interpretar el monólogo de Josué ¡con voz de mando!

Dígales que usted serás Josué. Ellos tienen que seguir las instrucciones que usted les de para recrear la batalla.

(*Narre la historia como si fueras Josué.*)

¡Israelitas! ¡Escuchen las instrucciones que me dio Dios nuestro Señor! El Señor quiere que conquistemos la ciudad de Jericó marchando a su alrededor durante siete días. Debemos seguir exactamente estas instrucciones.

La mitad de los guerreros irá al frente. Los sacerdotes irán detrás, haciendo sonar sus trompetas mientras marchamos. Luego siguen los sacerdotes cargando el arca de la alianza. El resto de los guerreros irá a la retaguardia; ellos seguirán al arca sagrada.

Ahora, israelitas, den una vuelta alrededor de la ciudad. No hablen. Sólo soplen los cuernos.

(*Pause para que la clase marche haciendo sonidos de trompeta.*)

Israelitas, siéntense y descansen.

(*Pause.*)

¡Ya amanece y el sol está a punto de salir! ¡Levántense todos! Éste es el segundo día. Fórmense como lo hicieron ayer: guerreros, luego sacerdotes, luego el arca sagrada y tras ella, la retaguardia. Recuerden, no digan ni una sola palabra mientras marchamos alrededor de Jericó. El único sonido permitido es el de las trompetas.

(*Pause para que la clase marche haciendo sonidos de trompeta.*)

Buena marcha, pueblo mío. Descansen ahora.

(*Pause.*)

¡Hola! ¿Están listos para el tercer día? Hagamos la formación y marchemos en torno a Jericó. Sin hablar. Sacerdotes, ¡despierten a la ciudad!

(*Pause para que la clase marche haciendo sonidos de trompeta.*)

Gracias, compañeros. Nos vemos mañana.

(*Pause.*)

Buenos días a todos. Es tiempo de marchar por cuarta vez. Observen las murallas de Jericó, no permanecerán en pie. Dios nos está ayudando. ¡A formarse y a marchar!

(*Pausa para que la clase marche haciendo sonidos de trompeta.*)

Descansen y repongan sus fuerzas para la batalla que nos espera.

(*Pause.*)

Alaben al Señor en este quinto día. ¡Rápido, todos a sus lugares! Marchen como se les ha ordenado. En silencio. Alerten a Jericó con sus trompetas.

(*Pause para que la clase marche haciendo sonidos de trompeta.*)

Hay que ser pacientes, querido pueblo, descansen. ¡Pronto conquistaremos la ciudad!

(*Pause.*)

¡Aja! ¡El sexto día ha llegado! Todo el mundo marche audazmente alrededor de las murallas de la ciudad. Mírenlas de cerca, siguiendo las reglas de siempre.

(*Pause para que la clase marche y haciendo sonidos de trompeta.*)

¡Vayan a sus tiendas y prepárense para la guerra!

(*Pause.*)

¡Hurra! ¡Es el séptimo día! Hoy Dios nos guiará a la victoria si seguimos sus instrucciones. Jericó se ve poderosa. Parece imposible conquistarla, pero Dios nos ayudará a superar esta difícil situación. ¡Griten "Amén"!

(*Pause.*)

Al fin, en éste séptimo día, marcharemos alrededor de Jericó, ¡no daremos una, ni dos, sino siete vueltas! Los sacerdotes harán sonar sus trompetas, luego, cuando yo dé la señal, todo mundo gritará lo más fuerte posible. Entonces observen y verán cómo las murallas tiemblan y caen, se vendrán abajo por completo. Cuando caigan, ¡tienen que embestir la ciudad y capturarla!

(*Pause para que la clase de siete vueltas alrededor del salón y haga sonidos de trompeta, entonces levanta la mano y grita "Amén".*)

¡Israelitas! El Señor, su Dios, nos ha ayudado en esta situación tan complicada con Jericó. No olviden que Dios puede ayudarles también a cada uno de ustedes a superar otras situaciones difíciles.

Escoja una o más actividades para sumergir a sus estudiantes en la historia bíblica.

Materiales:
ninguno

Accesorios de Zona®:
ninguno

¡Se derrumban!

Juega una versión rápida del "Puente de Londres", usando nuevas palabras o pueden cantar algún cántico relacionado con el tema y conocido por usted.

Las murallas de Jericó se derrumban, se derrumban, se derrumban.
Las murallas de Jericó se derrumban, ¡conquista Jericó!

Justo como se hace en el juego del "Puente de Londres", ponga a dos estudiantes frente a frente, pida que alcen los brazos a la altura de la cabeza y que junten las palmas para formar un arco.

El resto de la clase debe formarse en una sola fila para pasar por debajo de los brazos arqueados. Deben cerrar el círculo al tocar la cola de la fila y continuarán andando por debajo del puente mientras cantan la canción.

El niño o la niña que pase por debajo del puente, cuando se mencione la palabra *conquista*, será capturado/a por los brazos del puente, que se precipitarán rápidamente hacia abajo. Sin embargo, a diferencia del viejo juego, que balancea al cautivo hacia delante y hacia tras durante un siguiente verso de la canción, sus estudiantes soltarán inmediatamente a su cautivo.

Jueguen tantas veces como el tiempo y el interés permitan.

Materiales:
Biblia

Accesorios de Zona®:
títeres de rana para los dedos
opcional: ranas saltarinas

Repite el versículo

Diga: La vida tiene muchas situaciones difíciles y de cambio. Los amigos, la familia, la iglesia y Dios son todos parte del equipo que nos ayuda. Vamos a hacer un esfuerzo en equipo para aprender nuestro versículo bíblico precisamente ahora. Éste es el versículo: "Yo, tu Señor y Dios, estaré contigo dondequiera que vayas". (Josué 1:9b)

Muéstreles a sus estudiantes el versículo de hoy en la Biblia. Diríjales para repetirlo unas cuantas veces.

Reparta los **títeres de rana para los dedo**s, uno por estudiante. Si tiene más de doce, use también las **ranas saltarinas**. Divida a la clase en dos equipos. Pida que formen dos filas, frente a frente. Una fila va a pasar al lado de la otra y todos van a tamborilear sus títeres en los dedos con sus estudiantes de la otra fila. Diríjales para decir el versículo mientras caminan y tamborilean. Repítanlo varias veces.

Diga: Podemos hacer equipos para ayudarnos unos a otros en situaciones complicadas, y por supuesto que Dios va a estará con nosotros para ayudarnos.

 de Vida

Escoja una o más actividades para que la Biblia cobre significado en la vida diaria.

Celebra cantando

Toque el cántico "Josué" **(disco compacto, pista 23)**, y diga a sus estudiantes que escuchen la letra mientras marchan en su lugar.

Pida que tomen sus cuernos de papel. Van a cantar en voz bajita lo más que se pueda a través de sus cuernos y seguirán marchando en su lugar.

Toque el cántico nuevamente, dirigiéndoles para que canten fuerte por sus cuernos mientras marchan alrededor del salón.

Josué

La batalla de Josué fue en Jericó, Jericó, Jericó.
La batalla de Josué fue en Jericó; Dios los muros derribó.

¿Has oído hablar de Gedeón y de Saulo, siervo del Señor?
Mas como Josué ninguno en la batalla de Jericó.

Con su espada en mano marchó hacia la ciudad.
Josué ordenó al pueblo gritar y Dios los muros derribó. En ese día.

Materiales:
tocadiscos de discos compactos
trompetas de papel

Accesorios de Zona®:
disco compacto

LETRA: Espiritual tradicional; trad. por Jorge A. Lockward
MÚSICA: Espiritual tradicional
Trad. © 1997 Cokesbury; trad. © 2007 Abingdon Press, admin. por The Copyright Co., Nashville, TN 37212

 **Dios nos ayudará a superar las situaciones difíciles.**

Zona de Vida

Escoja una o más actividades para que la Biblia cobre significado en la vida diaria.

Materiales:
galletas
queso en tubo, crema de malvavisco o crema de cacahuate
cuchillos
platos
servilletas

Accesorios de Zona®:
ninguno

Muros comestibles

Sus estudiantes van a usar las galletas como si fueran ladrillos o piedras y el material pegajoso como mezcla para construir muros, que son mucho más divertidos de comer que de hacer. La variedad en las galletas añadirá diversión al trabajo.

Entregue a cada estudiante un plato para que construyan sobre él, un cuchillo para servir y untar la mezcla, y una servilleta para limpiar los dedos sucios.

Disponga en las mesas los materiales comestibles y explique la actividad. Aconséjales que construyan un muro de dimensiones modestas, pues sería un desperdicio no comerse lo que se utilice. (No obstante, si hay sobras, los pajaritos apreciarán la merienda.)

Materiales:
ninguno

Accesorios de Zona®:
la rana pequeña del juego de atrapadas

Oración

Sostengan la **ranita** en la mano y diga a sus estudiantes que empezará la oración. Cuando termine de orar, pase la ranita a la persona junto a usted. Conforme cada uno tome la rana, orará en silencio pidiéndole a Dios su ayuda en alguna situación difícil.

Ore así: Amado Dios, todos necesitamos tu ayuda. Nos conforta recordar que tú estás ahí para ayudarnos. Ahora escucha cuando oramos en silencio sobre un problema que debemos superar con tu ayuda.

Pase la ranita. Cuando todos hayan tenido su turno, vuelva a tomar la rana.

Ore así: Gracias, Dios por escuchar nuestras oraciones, ahora y siempre. Amén.

Dios nos ayudará a superar las situaciones difíciles.

Haga una copia de Zona Casera® para cada estudiante.

Casera para padres

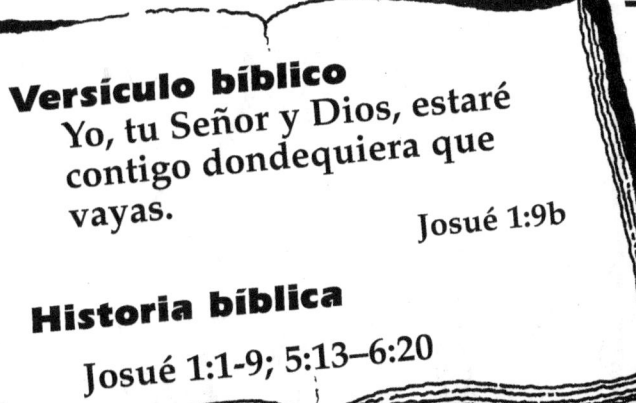

Versículo bíblico
Yo, tu Señor y Dios, estaré contigo dondequiera que vayas.
                                    Josué 1:9b

Historia bíblica
Josué 1:1-9; 5:13–6:20

Hoy su hijo aprendió sobre la conquista de Israel por los israelitas. Fue un desafío, pero ellos creyeron en el plan de Dios. El punto de la lección fue que, de esta misma manera, Dios puede ayudarnos en las situaciones difíciles. La vida de un niño o niña puede parecer poco complicada desde la perspectiva de un adulto, pero la niñez también tiene problemas. Su limitada experiencia lidiando con diferentes tipos de dificultades hace que estos problemas se vislumbren más grandes en sus vidas. Su hijo o hija, puede tener algo en mente que discutir con usted. ¡Usted puede ser parte del plan de Dios para brindar ayuda en esta situación!

Ecos de Jericó

Aquí hay algunos datos acerca de la antigua ciudad de Jericó:

Ya existía 5,000 años antes de Abraham.
Se encuentra a siete millas del Mar Muerto.
Y a cinco millas al oeste del río Jordán.
Fue fundada hacia el 7,000 a.C.
Se construyó en un oasis alimentado por muchos manantiales de agua fresca.
Se asentó a 800 pies bajo el nivel del mar.
Probablemente sea la ciudad más antigua del mundo.
Estaba rodeada por murallas dobles.

Ristras de oración

Use hilo de nilón o cordel de joyería para ensartar cuentas o botones de diferentes colores y crear ristras de oración. Escoja un determinado botón o cuenta para representar a un miembro de la familia o a un amigo por quien quiera usted orar. La familia puede compartir la misma ristra, o cada quien puede hacer su propia y personal ristra de oración.

Los botones o cuentas se pueden deslizar en el hilo o se pueden anudar en algún punto del cordel. Mientras ore, toque uno para recordar a la persona.

Dios nos ayudará a superar las situaciones difíciles.

Permiso de fotocopiado otorgado para uso de la iglesia local. © 2007 Abingdon Press.

PRIMARIOS MENORES: LECCIÓN 11

El engima de Josué

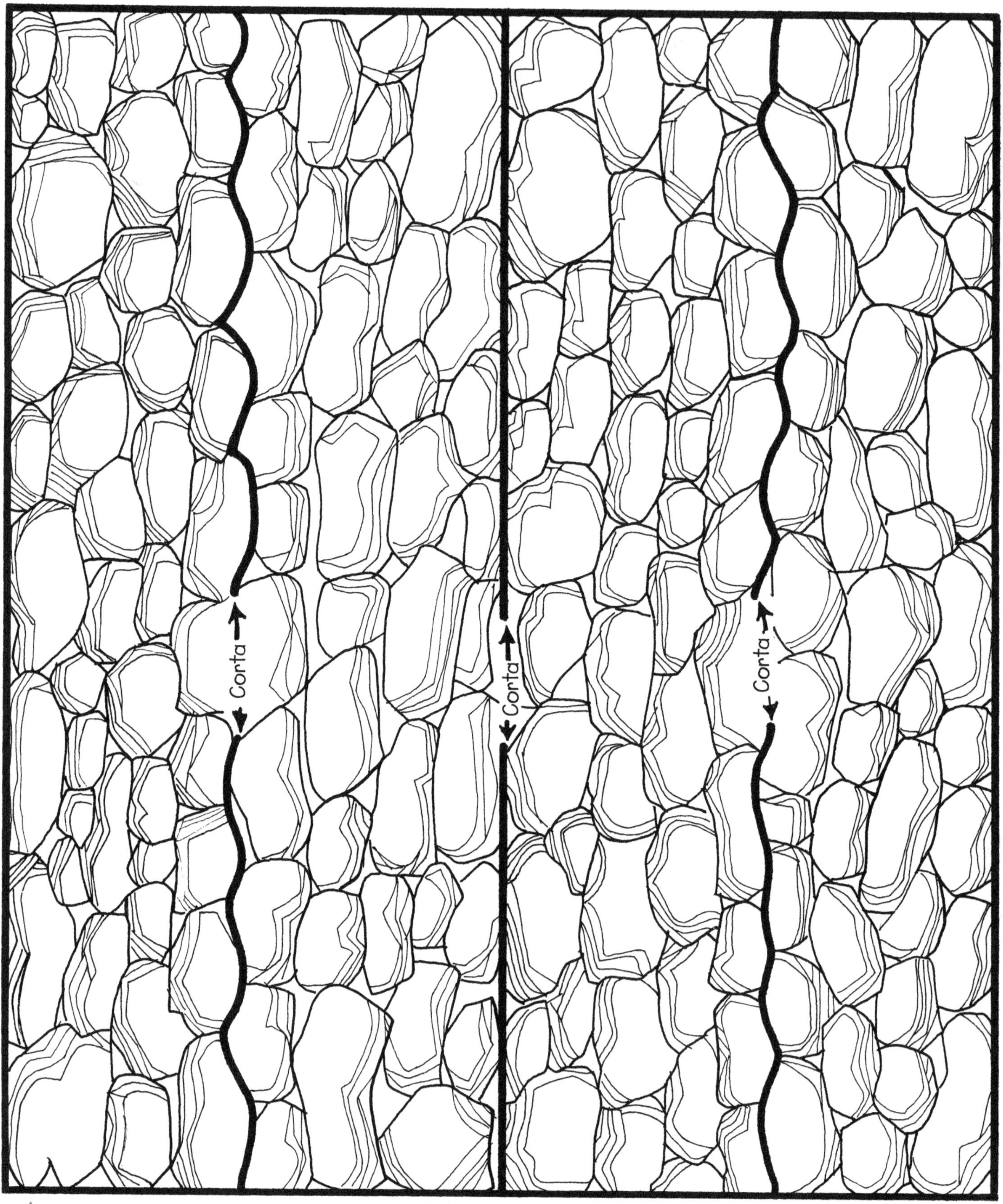

Corta

Reproducible 11A
Permiso de fotocopiado otorgado para uso de la iglesia local. © 2007 Abingdon Press.

ZONA BÍBLICA®

Sopla tu cuerno

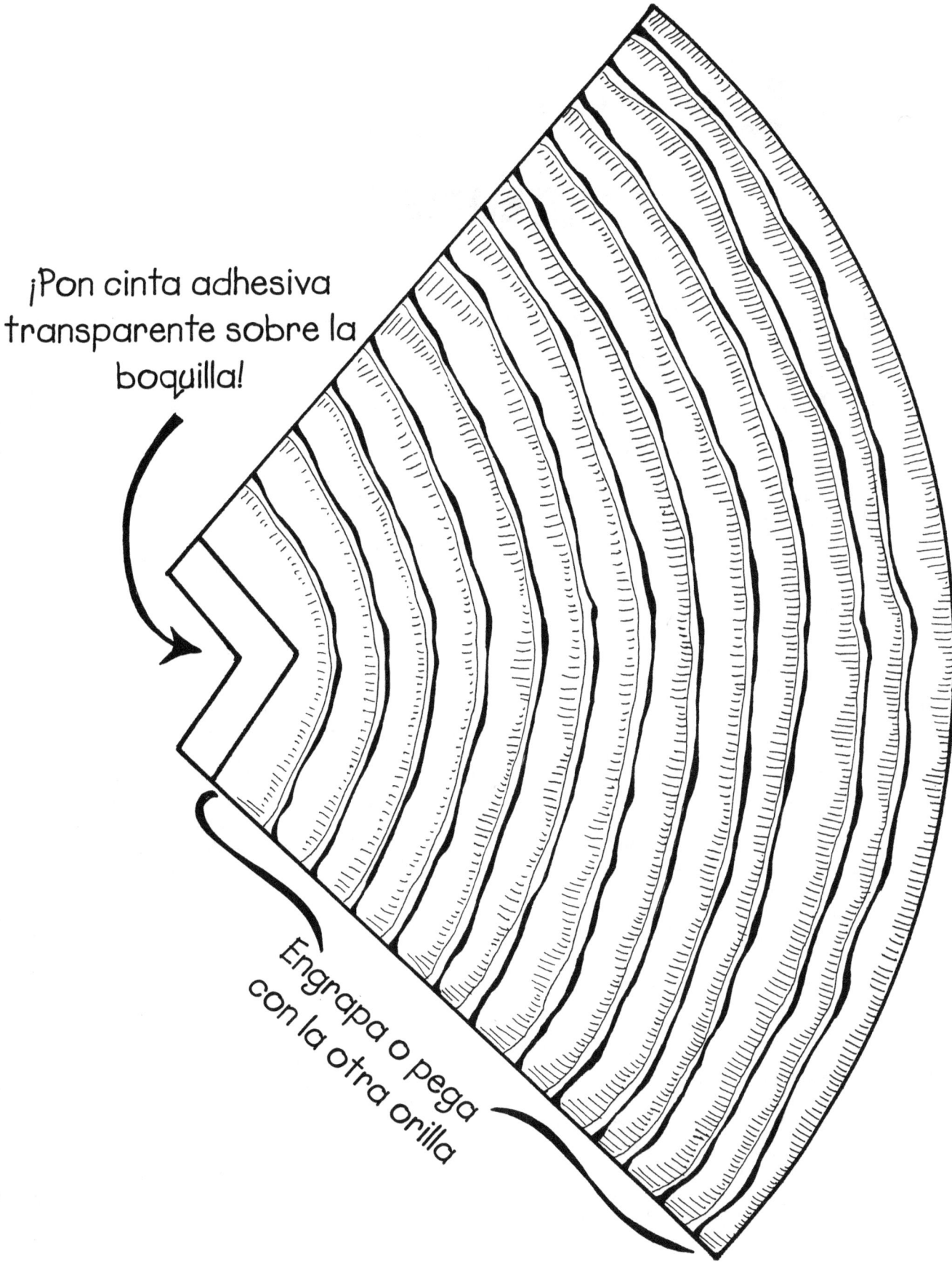

¡Pon cinta adhesiva transparente sobre la boquilla!

Engrapa o pega con la otra orilla

PRIMARIOS MENORES: LECCIÓN 11

Reproducible 11B

La voz en el desierto

Entra a la ZONA

Versículo bíblico

Levanta con fuerza tu voz para anunciar una buena noticia...:
"¡Aquí está el Dios de ustedes! Llega ya el Señor con poder."

Isaías 40:9-10

Historia bíblica

Mateo 3:1-17

La historia de esta semana es sobre Juan el Bautista. Juan, con su dieta de saltamontes y miel, y su túnica de pelo de camello, predicaba en el desierto de Judea. En Juan se cumple la profecía de Isaías en el Antiguo Testamento: "Preparen al Señor un camino en el desierto, tracen para nuestro Dios una calzada recta". Diciendo "¡Vuélvanse a Dios, porque el reino de los cielos está cerca!", Juan atrajo a multitudes. La gente se congregaba en torno a Juan, le confesaba sus pecados y era bautizada por él. Cuando Jesús emergió del agua, vio al Espíritu Santo descendiendo sobre él en la forma de paloma.

Juan el Bautista era hijo de Zacarías, un sacerdote que servía en el Templo de Jerusalén, y de Isabel que era prima de María. Después de que el ángel Gabriel le anunciara que tendría un hijo, María corrió a hasta la casa de Isabel para darle la noticia. Al María saludar a su prima, el bebé en el vientre de Isabel se estremeció. Incluso antes de nacer, Juan y Jesús estaban unidos.

Juan permaneció en el desierto hasta que comenzó a predicar cerca del río Jordán. Juan, haciendo eco a las palabras de Isaías, ayudó a la gente a entender que el Salvador que Dios había prometido vendría pronto. Use el cumplimiento de esta promesa para ayudar a sus estudiantes a entender la diferencia entre el Antiguo y el Nuevo Testamento, diferencia que con frecuencia les cuesta trabajo distinguir. Dios cumplió su promesa de enviar un Salvador a la gente; el Nuevo Testamento es la historia de ese Salvador, Jesucristo, y de su iglesia.

La lección de hoy también habla del bautismo. Éste es un buen momento para discutir las tradiciones bautismales de tu denominación y de tu congregación. Si el tiempo lo permite, incluso puedes organizar una visita a la fuente o pila bautismal. Un bautismo en tu iglesia debe de ser muy diferente de haber sido bautizado por Juan el Bautista en el río Jordán. No obstante, dos mil años más tarde, los cristianos continúan celebrando este sacramento de agua y Espíritu.

Dios cumplió su promesa de enviar un Salvador a la gente.

Vistazo a la ZONA

ZONA	TIEMPO	MATERIALES	ACCESORIOS DE ZONA®
Acércate a la ZONA®			
Hora de llegada	10 minutos	Reproducible 12B, papel blanco, crayones, hojas naturales, cinta adhesiva	ninguno
¡Señor!	5 minutos	Reproducible 12A, crayones o marcadores, tijeras	ninguno
Zona Bíblica®			
¡Grítalo!	5 minutos	Biblia	ninguno
Fábrica de títeres	10 minutos	Reproducible 12A (parte de abajo), crayones, tijeras	ninguno
Juan el Bautista	5 minutos	Biblia	rana para los dedos
Atrapa la promesa	5 minutos	ninguno	juego de atrapa a la rana
Creaciones de agua	5 minutos	varias recipientes para hornear o cajas poco profundas, pintura azul de agua, papel blanco, recipientes pequeños, cuchara	canicas
Zona de Vida			
Celebra cantando	5 minutos	tocadiscos de discos compactos	disco compacto
Un bocadillo de miel	5 minutos	comida hecha de miel como cereal, dulces o miel servida en pan o galletas, servilletas	ninguno
Cerremos la clase	5 minutos	cuenco de agua	ninguno

* Los Accesorios de Zona® se encuentran en el **Paquete de DIVERinspiración®**.

PRIMARIOS MENORES: LECCIÓN 12

143

Acércate a la

Escoja una o más actividades para capturar el interés de sus estudiantes.

Materiales:
Reproducible 12B
papel blanco
crayones
hojas naturales
cinta adhesiva

Accesorios de Zona®:
ninguno

Hora de llegada

Fotocopie con tiempo las "Calcos de hojas silvestres", del **Reproducible 12B;** uno para cada estudiante. Recolecte diferentes clases de hojas. Distribuya dos o tres hojas debajo de cada copia y luego asegure las copias a la mesa con cinta adhesiva. Los calcos funcionan mejor cuando el costado del crayón está usado, así que aproveche esta oportunidad para quitarles el papel a los crayones rotos.

Diga: **¡Bienvenidos! Para comenzar nuestra lección, van a hacer unos dibujos frotando el papel. Froten el costado de un crayón por toda la hoja para ver qué figura surge. Les voy a dar una pista: es algo que se encuentra en la naturaleza.**

Pregunte: **¿Qué figura surgió en el papel? ¡Muy bien: hojas! Y así como se puede encontrar hojas en la naturaleza, la historia de hoy es acerca de un hombre que se encontraba viviendo muy al natural en el desierto. Su nombre era Juan el Bautista. En nuestra historia, Juan salió del desierto para llevarle a la gente las buenas noticias de que Jesús estaba por venir.**

Materiales:
Reproducible 12A
crayones o marcadores
tijeras

Accesorios de Zona®:
ninguno

¡Señor!

Antes de la clase fotocopie el **Reproducible 12A,** una por estudiante. Recorte cada copia; para esta actividad va a usar "Encuentra la palabra". Ponga aparte los títeres de dedos para usarlos más adelante.

Dígales que cuando se conecta cada juego de figuras en el papel, forma una letra diferente. Pídales que conecten los puntos para descubrir las letras.

Pregunte: **¿Qué letras ven? ¿Qué palabra forman esas letras?** (Señor.) **Dios le prometió a la gente del Antiguo Testamento que algún día vendría el Señor quien les salvaría de sus pecados y les daría el regalo de la vida eterna. Dios cumplió esta promesa enviando a Jesús.**

Si el tiempo lo permite, sus estudiantes pueden colorear las letras.

Escoja una o más actividades para sumergir a sus estudiantes en la historia bíblica.

¡Grítalo!

Si hay otras clases que se reúnan al mismo tiempo que la suya, considere llevar a sus estudiantes a que le griten el versículo a otro salón.

Tome una Biblia.

Diga: El Antiguo Testamento de la Biblia habla de la promesa de Dios de enviar un Salvador a la gente. El profeta Isaías le habló al pueblo acerca de la venida de un Salvador, y podemos leer sus palabras en el libro de Isaías. Él dijo: "Levanta con fuerza tu voz para anunciar una buena noticia…: "¡Aquí está el Dios de ustedes!" Llega ya el Señor con poder".

Pida a sus estudiantes que repitan el versículo con usted varias veces.

Pregunte: ¿Por qué levantamos con fuerza nuestra voz, o sea por qué gritamos? (*Para llamar la atención de alguien, porque algo necesita ser oído, porque estamos felices o porque estamos diciendo algo muy emocionante.*) **Éste es un versículo realmente importante. Este versículo promete que Jesús vendrá. ¡Gritémoslo!**

Diríjales para que griten el versículo. Anímeles para que griten lo más fuerte que puedan. Pida que griten el versículo un par de veces. De ser posible, lléveles a que griten el versículo a uno o dos salones más. Diga unas cuantas palabras de introducción antes de que empiecen, explique que su clase está celebrando la promesa de Dios de enviar a un Salvador.

Materiales:
Biblia

Accesorios de Zona®:
ninguno

Fábrica de títeres

Diga: Piensen en los Accesorios de Zona® que han usado en esta unidad. (*Mueva rápidamente los dedos.*) **¿Cuáles Accesorios de Zona® les quedan a sus dedos?** (*Los títeres de rana para los dedos.*) **hemos tenido tal diversión usando los títeres de rana que vamos a hacer nuestros propios títeres para los dedos para que nos ayuden a narrar la historia de hoy.**

Entregue a cada estudiante una copia de los títeres para los dedos (**Reproducible 12A, parte de abajo**) que había puesto aparte. Señale a Juan el Bautista (con una túnica de pelo de camello y un cinturón), Jesús, la gente (un hombre y una mujer) y la paloma. Pida que coloreen los títeres, los recorten y los peguen por los lados solamente de manera que les queden en los dedos. Los títeres se pueden usar en una sola mano o en ambas.

Dígales que se pongan sus títeres y que muevan rápidamente los dedos. Mencione los nombres de *Juan y de Jesús*, y deje que practiquen moviendo esos títeres. Luego pida que practiquen moviendo al hombre, a la mujer y, finalmente, la paloma.

Materiales:
Reproducible 12A
  (parte de abajo)
crayones
tijeras

Accesorios de Zona®:
ninguno

Historia de la Zona Bíblica

Juan el Bautista

Diga: Nuestras lecciones de la Zona Bíblica se han enfocado en el desierto. Las primeras once lecciones se situaban en el Antiguo Testamento de la Biblia. Las dos lecciones finales de nuestra unidad del desierto se encuentran en el Nuevo Testamento. El Antiguo Testamento habla acerca de las épocas antes de Jesús. En el Nuevo Testamento nace Jesús. La historia bíblica de hoy proviene del primer libro del Nuevo Testamento, el libro de Mateo.

Puede mostrarles a sus estudiantes una Biblia, señalando el Antiguo Testamento y el Nuevo, así como el lugar en el libro de Mateo donde se registra la historia de hoy, Mateo 3:1-17.

Los niños y las niñas van a mover el títere que corresponda al personaje cuyo nombre se mencione en la historia.

Repase los personajes con sus estudiantes diciéndoles que muevan el personaje cuando usted diga su nombre: Juan el Bautista, Jesús, la gente y la paloma.

Diga: Escuchen cuidadosamente la historia. Cuando escuchen el nombre de un personaje, muevan ese títere. Muévanlo solo un momento, se detienen y esperan a escuchar el siguiente nombre.

Al leer, enfatice los nombres de los personajes para darles la señal.

Juan el Bautista vivía en el desierto de Judea. **Juan el Bautista** usaba ropas tejidas con pelo de camello y un cinturón de piel. Comía saltamontes y miel silvestre.

Juan el Bautista le decía a la **gente**, "¡Vuélvanse a Dios, porque el reino de los cielos está cerca!" También le anunciaba a la **gente** que el Salvador que Dios había prometido estaba por llegar.

Desde Jerusalén y toda Judea hasta el valle del río Jordán, multitudes de **gente** venían a escuchar lo que decía **Juan el Bautista**. La **gente** le decía a **Juan** lo arrepentida que estaba por sus pecados. Entonces **Juan** bautizaba a la **gente** en el río.

Juan el Bautista le dijo a la **gente**, "Yo los bautizo con agua para invitarles a que se vuelvan a Dios; pero el que viene después de mí es más poderoso que yo, ni siquiera merezco llevarle sus sandalias".

Esa persona era **Jesús**.

Jesús dejó Galilea, donde vivía, y fue al río Jordán para ser bautizado por **Juan el Bautista**. Pero **Juan** no quería bautizarle y dijo, "Yo debería ser bautizado por ti, ¿y tú vienes a mí?"

Jesús le respondió, "Déjalo así por ahora, pues es conveniente que cumplamos todo lo que Dios quiere que hagamos". Entonces **Juan el Bautista** bautizó a **Jesús**.

Así fue bautizado **Jesús**. Y tan pronto como **Jesús** salió del agua, el cielo se abrió, y **Jesús** vio el Espíritu de Dios bajando sobre él en forma de **paloma**.

Entonces una voz del cielo dijo, "Éste es mi hijo amado, en quien me complazco".

Dios ha cumplido su promesa a la **gente** de enviar un Salvador, que es **Jesús**.

Juan el Bautista, la **gente**, **Jesús** y la **paloma**, todos ellos juegan papeles importantes en esta historia. ¡Fin!

Dios cumplió su promesa de enviar un Salvador a la gente.

Escoja una o más actividades para sumergir a sus estudiantes en la historia bíblica.

Materiales:
juego de atrapa a la rana

Accesorios de Zona®:
ninguno

Atrapa la promesa

Diga: Dios cumplió su promesa de mandar un Salvador a las personas. Y ustedes, mis maravillosos estudiantes de la Zona Bíblica, son algunas de esas personas.

Pida a sus estudiantes que formen una línea. Entregue a la primera persona en la fila una de las raquetas del **juego de atrapa a la rana**. Usted tomará la otra raqueta.

Diga: Dios nos envió a un Salvador. Cuando les tire la rana, todos van a decir: "Dios cumplió su promesa de enviar un Salvador a…" y dicen su nombre. Luego me tiran la rana nuevamente y dicen, "Dios cumplió su promesa de enviar un Salvador a…" y dicen mi nombre.

Jueguen hasta que todos hayan tenido su turno. Jueguen otra ronda si el tiempo lo permite.

Materiales:
varios recipientes para hornear o cajas poco profundas
pintura de agua azul
papel blanco
recipiente pequeño
cuchara

Accesorios de Zona®:
canicas

Creaciones de agua

Diga: Juan el bautista bautizaba a las personas en el río Jordán. Desde entonces, el bautizo ha sido un símbolo de nuestra fe en nuestro Salvador, Jesucristo.

Pasen un par de minutos discutiendo las tradiciones bautismales en su iglesia.

Diga: El agua es un símbolo del bautismo. En celebración de las aguas del bautismo, van a usar las canicas para hacer un dibujo de agua.

Acomoden hojas de papel en el fondo de un recipiente o cajas. Aparte, vierta pintura azul en el recipiente pequeño y dejen caer las **canicas** adentro. Remueve las canicas con una cuchara hasta que estén cubiertas de pintura. Ponga cinco canicas en cada recipiente o caja y anime a sus estudiantes a agitar las canicas para crear una pintura.

Quite las pinturas del recipiente o caja y comience el proceso otra vez. Admire las creaciones y haga notar que cada una es ligeramente distinta.

Diga: Dios cumplió su promesa de mandarles un Salvador a las personas. Cuando celebramos el bautismo, estamos celebrando el cumplimiento de esa promesa.

 de Vida

Escoja una o más actividades para que la Biblia cobre significado en la vida diaria.

Celebra cantando

Toque para la clase "Cuán poderoso es Dios" (**disco compacto, pista 9**), luego diríjales para cantar.

Cuán poderoso es Dios

Cuán poderoso es Dios, cuán poderoso es.
Ángeles postrados.
Cielo y tierra adórenle.
Cuán poderoso es Dios.

LETRA: Anónimo; trad. por Diana Beach
MÚSICA: Anónimo
"Cuán poderoso es Dios" arreglo © 1996 Group Publishing, Inc. Todos los derechos reservados. No se permite la duplicación sin autorización. Usada con premiso

Materiales:
tocadiscos de discos compactos

Accesorios de Zona®:
disco compacto

 **Dios cumplió su promesa de enviar un Salvador a la gente.**

 de Vida

Escoja una o más actividades para que la Biblia cobre significado en la vida diaria.

Materiales:
comida hecha de miel como cereal dulces o miel servida en pan o galletas
servilletas

Accesorios de Zona®:
ninguno

Un bocadillo de miel

Diga: La Biblia nos dice que en el desierto Juan el Bautista comía saltamontes y miel silvestre. No estaba segura/o de si ustedes querrían saltamontes para la merienda de hoy, pero si creo que disfrutarían un bocadillo hecho de miel.

Sirva la merienda y, mientras los niños y las niñas comen, hábleles un poco acerca de la miel en los tiempos bíblicos.

Diga: Las abejas debieron de estar muy ocupadas en los tiempos bíblicos, porque la miel se menciona muchas veces en la Biblia. La miel se usaba para endulzar las comidas, especialmente porque las personas de la Biblia no tenían azúcar como nosotros en la actualidad. La miel era cultivada por los criadores de las abejas, pero las colmenas también se podían encontrar en áreas silvestres, en árboles y en rocas. Ahí es donde Juan encontraba su miel.

Materiales:
recipiente con agua

Accesorios de Zona®:
ninguno

Cerremos la clase

Tenga a la mano un recipiente, que deberá ser bastante grande como para que sus estudiantes puedan sumergir las manos en el agua. Pídales que formen un círculo y que se tomen de las manos o que entrelacen los codos unos con los otros.

Diga: Juan el Bautista vino antes que Jesús, trayendo la noticia de que el Salvador estaba por llegar. Juan bautizaba a la gente con agua. En honor de Juan, el día de hoy vamos a decirnos adiós con un chapuzón. Pero primero, oremos.

Ore así: Amado Dios, estamos contentos de que hayas enviado a Juan el Bautista a proclamar a las personas que Jesús estaba por venir, y nos alegramos de que hayas cumplido tu promesa de enviar a un Salvador para todos nosotros. Amén.

Explique que para el chapuzón del adiós, tienen que sumergir una mano en el recipiente de agua y salpicar con delicadeza sobre la cabeza de la persona que esté a su izquierda, diciendo, "Un chapuzón de adiós para ti…" y que diga el nombre. Demuestre cómo hacerlo, delicadamente, con uno de los niños. Ofrezca a cada estudiante el recipiente con agua.

Diga: Ésta fue una forma húmeda de decir adiós, pero espero que les ayude a recordar a nuestro amigo, ¡Juan el Bautista!

Haga una copia de Zona Casera® para cada estudiante.

ZONA BÍBLICA®

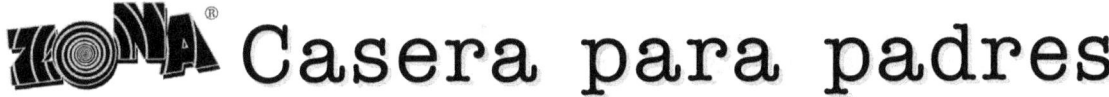

Casera para padres

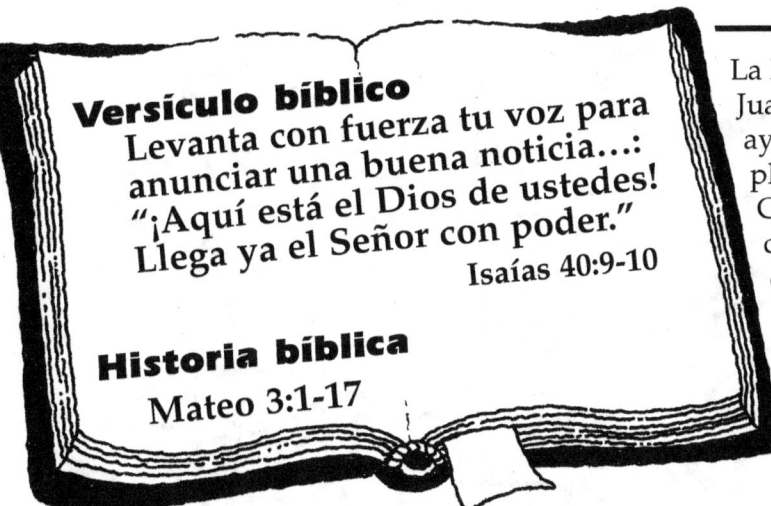

Versículo bíblico
Levanta con fuerza tu voz para anunciar una buena noticia...: "¡Aquí está el Dios de ustedes! Llega ya el Señor con poder."
Isaías 40:9-10

Historia bíblica
Mateo 3:1-17

La historia bíblica de esta semana destaca a Juan el Bautista. Él vino antes de Jesús para ayudar a la gente a entender que Dios cumplía la promesa de enviar a un Salvador. Cuando Juan bautizó a Jesús, una paloma descendió sobre Jesús. Hable esta semana con su hijo o hija acerca de las costumbres bautismales en su iglesia y en su familia. Si su hijo ha sido bautizado, compártale historias acerca de su bautismo.

Diversión instantánea en el agua

Aquí hay tres ideas para divertirse fácilmente con el agua:

Haga sus propias acuarelas añadiendo unas cuantas gotas de pintura vegetal a una taza de agua. Use sus acuarelas para crear dibujos resistentes al crayón. Trace alegres diseños en papel blanco, luego pinte sobre ellos con las acuarelas. Usted puede pintar casi cualquier elemento de afuera con acuarela: pórticos, cobertizos, laterales de la casa, el coche.
Acomode a los niños para que trabajen con pinceles grandes y baldes de agua. Establezca las reglas sobre el uso apropiado de la pintura y luego ¡déjeles que pinten sin parar!
Hagan carreras de agua. Con un gotero pongan gotas de agua en una hoja de aluminio o en una lámina de hornear. Usen sorbetes para soplar suavemente las gotas y empujarlas hacia el extremo de la lámina.

Una familia de palomas

Haga una familia de palomas trazando las manos de los miembros de su familia. Haga que cada persona ponga sus manos sobre una hoja de papel blanco con los dedos unidos y extendiendo el dedo pulgar lo más posible. Trace la mano, luego recorte la impresión. Doble los dedos pulgares. Ponga la mano a un lado de manera que los dedos apunten hacia la izquierda. ¡Ahí está la paloma! Con un crayón o marcador dibújale los ojos. Despliegue la paloma familiar en su refrigerador o tablón de edictos, péguelas a un cartón o cuélguelos con hilo a un gancho de ropa para crear un móvil.

Dios cumplió su promesa de enviar un Salvador a la gente.

Permiso de fotocopiado otorgado para uso de la iglesia local. © 2007 Abingdon Press.

PRIMARIOS MENORES: LECCIÓN 12

Encuentra la palabra

Para encontrar cada letra, conecta las figuras geométricas que sean iguales.
¿Cómo le llamaba la gente a Jesús?

Reproducible 12A

Permiso de fotocopiado otorgado para uso de la iglesia local. © 2007 Abingdon Press.

Jesús en el desierto

Entra a la

Versículo bíblico

La Escritura dice: "Adora al Señor tu Dios, y sírvele sólo a él".

Mateo 4:10

Historia bíblica

Mateo 4:1-11

En la historia de hoy, el Espíritu Santo dirige a Jesús al desierto para ser probado por el diablo. Después de cuarenta días y noches sin comer, Jesús tenía mucha hambre, lo que le hacía más vulnerable a las tentaciones del diablo. Sin embargo, Jesús resistió la tentación, citando las Escrituras.

En los tiempos bíblicos, la gente ayunaba, muchas personas hoy día ayunan también. Durante el ayuno se pasa un periodo de tiempo sin comer. Éste puede practicarse con diferentes objetivos, algunos de ellos pueden ser: demostrar devoción a Dios, para mostrar a Dios que se está arrepentido de pecados. Jesús, lo usó como un tiempo de preparación para comenzar su ministerio. Jesús tal vez usó esos cuarenta días y noches para esclarecer y definir su llamado a ser el Mesías. ¿Se convertiría en un Mesías poderoso o fuerte, o en un Mesías que serviría a toda la gente? Al no caer en las tentaciones a los que lo sometió el diablo, Jesús hizo claro que no usaría los poderes que Dios le había dado, para conquistar y gobernar. Por el contrario, ministraría a la gente, con humildad y devoción a Dios.

A la literatura, al igual que al folklore y al teatro, le gusta mencionar al diablo. Para los niños y las niñas un poco más grandes y para los adultos, el estudio del diablo y de la teología que le rodea tiene mérito, pero con las niñas y los niños más pequeñitos es mejor minimizar los aspectos diabólicos de la historia de hoy, pues quizá algunos de ellos se asusten con el sólo pensar en semejante personaje. Permita que sus estudiantes entiendan que en la historia de hoy el diablo representa una fuerza que se esfuerza por tentar a Jesús.

La lección de hoy se enfoca en que Dios habrá de ayudarnos cada vez que seamos tentados. No permita que esta lección se convierta en una discusión sobre los pecados o cosas que sus estudiantes puedan hacer que entristezcan o preocupen a Dios. Ayúdeles a entender que todos somos tentados para hacer lo malo. Lo que importa es cómo lidiamos con la tentación. La lección da sugerencias concretas para superar la tentación, destreza que los niños y niñas de esta edad comienzan a desarrollar. Anímeles mientras les ayuda a entender que, con la ayuda de Dios, ¡nosotros podemos y seremos las personas que Dios quiere que seamos!

Dios nos ayudará cada vez que seamos tentados a hacer lo malo.

Vistazo a la

ZONA	TIEMPO	MATERIALES	ACCESORIOS DE ZONA®
Acércate a la ZONA®			
Hora de llegada	10 minutos	Reproducible 13A, crayones	todos los Accesorios de Zona
Las tentaciones de Pantania Peluda	5 minutos	ninguno	araña afelpada
Zona Bíblica®			
¡Cuarenta!	5 minutos	ninguno	sombrero de rana, juego de atrapa la rana, jeep de safari, dos ranas saltarinas, dos títeres de rana para los dedos, dos pelotas de confeti
La tentación de Jesús	5 minutos	ninguno	ninguno
Las Escrituras dicen	5 minutos	Biblia	ninguno
Situaciones tentadoras	5 minutos	Reproducible 13B, dos canastas, tijeras	ninguno
Zona de Vida			
Celebra cantando	5 minutos	tocadiscos de discos compactos	disco compacto
Una merienda original	5 minutos	Galletas integrales, crema de malvavisco, chispas de chocolate, vasos de cartón, cucharas, servilletas	ninguno
Hasta luego	5 minutos	ninguno	rana inflable, araña afelpada

* Los Accesorios de Zona® se encuentran en el **Paquete de DIVERinspiración®**.

PRIMARIOS MENORES: LECCIÓN 13

Acércate a la ZONA

Escoja una o más actividades para capturar el interés de sus estudiantes.

Materiales:
Reproducible 13A, crayones

Accesorios de Zona®:
todos

Hora de llegada

Antes de la clase fotocopie los Accesorios de Zona **(Reproducible 13A)**. Acomode los Accesorios de Zona en la mesa de una manera atractiva.

Conforme lleguen sus estudiantes, déles sus copias.

Diga: Sé que tal vez ustedes tengan la tentación de jugar con los Accesorios de Zona, pero no jugarán ahora. Sólo los pueden mirar. En su hoja, marquen los tres Accesorios de Zona que más le tienten a jugar ahora mismo. (*Explique, que ser tentado significa "querer hacer algo que no deberías hacer".*)

Después de que todos hayan escogido los tres Accesorios de Zona más tentadores, pídales que compartan sus escogidos.

Diga: Algunas veces somos tentados a hacer cosas que no se supone que deberíamos hacer. Si ustedes hubieran jugado con los Accesorios de Zona después que les dije que no debían jugar, habrían hecho mal. La lección de hoy habla sobre la tentación. Dios nos ayuda a resistir la tentación cuando somos tentados a hacer cosas que están mal.

Si el tiempo lo permite, permita a sus estudiantes jugar con los Accesorios de Zona por unos cuantos minutos.

Materiales:
ninguno

Accesorios de Zona®:
araña afelpada

Las tentaciones de Pantania Peluda

Tome la **araña afelpada**.

Pregunte: ¿Quién recuerda el nombre de esta araña del desierto? Sí, Pantania Peluda y quiere que les cuente sobre algo que estuvo tentada a hacer la semana pasada. Su amiga, la Araña Ocho Piernas, acababa de construir una hermosa telaraña. Había pasado horas hilando. Pantania Peluda se vio muy tentada a tumbar la telaraña. Estaba celosa porque no podía tejer hermosas telarañas.

Pasa a Pantania Peluda por el círculo. Cuando sea su turno, cada estudiante le dirá al grupo una manera en que ha sido tentado. Si tienen problemas para mencionar tentaciones, déles ejemplos tales como: golpear a un amigo que te ha hecho enojar mucho, copiarse de la tarea o el examen a otra persona, tomar dulces o galletas a escondidas o mentir diciendo que ya se bañaron.

Diga: Con frecuencia somos tentados a hacer cosas que no debemos hacer. No es malo ser tentados; sólo está mal ceder a la tentación. Pero Dios nos puede ayudar. Hablar con nuestros papás, maestros y amigos; orar; recordar los diez mandamientos y otros pasajes de la Biblia, y pensar con cuidado antes de actuar son algunas las maneras en que Dios nos ayuda cuando nos vemos tentados a hacer mal.

ZONA BÍBLICA®

Escoja una o más actividades para sumergir a sus estudiantes en la historia bíblica.

¡Cuarenta!

Diga: En la historia bíblica de hoy, el Espíritu Santo dirigió a Jesús hacia el desierto. Durante cuarenta días y noches, Jesús no comió nada de nada. ¡Cuarenta días es mucho tiempo!

Dirija a sus estudiantes a contar hasta cuarenta.

Diga: Para ayudarnos a recordar qué tanto es cuarenta en realidad, vamos a jugar unos juegos bobos de contar con los Accesorios de Zona®.

Pida que busquen una pareja. Cada pareja va a realizar una actividad cuarenta veces con el Accesorio de Zona que le entregue. Si tiene más de doce estudiantes, traiga otro **jeep de safari**, más **títeres de rana para los dedos** y más **ranas saltarinas**.

Las actividades son:

Sombrero de rana: uno de los miembros de la pareja se pondrá el sombrero y dará brincos como rana cuarenta veces mientras el otro cuenta, y luego cambian papeles.

Juego de atrapa la rana: que lancen la rana hacia un lado y hacia el otro cuarenta veces.

Jeep de safari: que rueden el jeep el uno al otro cuarenta veces.

Ranas saltarinas: Uno de los compañeros hará saltar a la rana cuarenta veces mientras el otro cuenta; luego cambian papeles.

Títeres de rana para los dedos: Uno de los miembros de la pareja hará que el títere de rana haga cuarenta sentadillas mientras el otro cuenta; luego cambian papeles.

Pelotas de confeti: Uno de los compañeros lanzará la pelota al aire cuarenta veces y tratará de dar una palmada antes de atraparla, cuarenta veces, mientras el otro cuenta; luego cambian papeles.

Recomiéndeles que no se apresuren para llegar a los cuarenta. El propósito de esta actividad es pensar realmente acerca de lo que sería estar en el desierto sin comida ni compañía durante cuarenta largos días con sus noches.

Si el tiempo lo permite, pida que intercambien los Accesorios de Zona y que cuenten hasta cuarenta otra vez.

Diga: Ustedes se pueden imaginar que esos cuarenta días y noches solo en el desierto debieron de haber sido muy difíciles para Jesús, porque tenía mucha hambre. Después de cuarenta días con sus noches, el diablo llegó y lo tentó. Nuestra historia bíblica habla de cómo Dios lo ayudó.

Materiales:
ninguno

Accesorios de Zona®:
sombrero de rana
juego de atrapa la rana
jeep de safari
dos ranas saltarinas
dos títeres de rana para los dedos
dos pelotas de confeti

Historia de la 

La tentación de Jesús

Saque una copia de la historia bíblica para cada estudiante. La historia se presenta como un diálogo. Divida a la clase en tres grupos para que interpreten las partes de Mateo, el diablo y Jesús.

Si las líneas resultan muy difíciles para sus estudiantes más chicos, ellos pueden formar un grupo de "personas que escuchan".

Lea la historia una vez con la clase. Luego pida que la lean otra vez con sus voces más histriónicas. Si el espacio lo permite, diríjale a que cada grupo se pare frente a los otros grupos. Explique que Mateo, uno de los cuatro escritores de los Evangelios, escribió esta versión de la historia.

Mateo: El Espíritu Santo guió a Jesús hasta el desierto. Jesús no comió durante cuarenta días y cuarenta noches.

Diablo: Te voy a tentar. Si eres el hijo de Dios, convierte estas piedras en panes.

Jesús: Las Escrituras dicen: "No sólo de pan vivirá el ser humano, sino también de toda palabra que salga de los labios de Dios".

Mateo: Después, el diablo llevó a Jesús a la ciudad santa de Jerusalén. Él hizo que Jesús se parara en la parte más alta del Templo.

Diablo: Si tú eres el hijo de Dios, tírate. Las Escrituras dicen: "Dios mandará que sus ángeles te cuiden, que te levanten en sus brazos".

Jesús: Y las Escrituras también dicen: "No pongas a prueba al Señor tu Dios".

Mateo: Finalmente, el diablo llevó a Jesús hasta la cima de una alta montaña. Él le mostró todos los reinos de la Tierra.

Diablo: Yo te daré todo esto, si te arrodillas y me adoras.

Jesús: ¡Vete, Diablo!, porque la Escritura dice: "Adora al Señor tu Dios y sírvele sólo a él".

Mateo: Entonces el diablo se apartó de Jesús y unos ángeles llegaron a servirle.

Permiso de fotocopiado otorgado para uso de la iglesia local. © 2007 Abingdon Press.

Pregunte: ¿Cuál fue la primera forma en que el diablo tentó a Jesús? (*Le ofreció comida.*) **¿Cuál fue la siguiente manera?** (*Quería que Jesús comprobara que era el hijo de Dios tirándose desde lo más alto del Templo.*) **¿Cuál fue la tercera forma en que el diablo lo tentó?** (*Le ofreció todos los reinos del mundo.*)

Diga: Jesús tenía el poder de hacer milagros, pero no los haría sólo para satisfacer al diablo. Él tenía mucha hambre, pero resistió la tentación de convertir las piedras en panes. Pudo haberle probado al diablo que él era el hijo de Dios si se tiraba de lo más alto del Templo, pues no se habría lastimado, pero no iba a ceder a la petición del diablo. Y además rechazó ser el gobernante de todos los reinos de la Tierra porque se negó a adorar al diablo. Al no ceder ante estas tentaciones, Jesús demostró que servía sólo a Dios y que estaba listo para comenzar su ministerio como hijo de Dios.

Dios nos ayudará cada vez que seamos tentados a hacer lo malo.

Escoja una o más actividades para sumergir a sus estudiantes en la historia bíblica.

Materiales:
Biblia

Accesorios de Zona®:
ninguno

Las Escrituras dicen

Pida a sus estudiantes que se sienten formando un círculo. Tome una Biblia en sus manos.

Diga: Antes de comenzar su ministerio, Jesús estudió las Escrituras Hebreas. Jesús conocía bien las Escrituras y las podía citar. En la historia de hoy, él le citó las Escrituras al diablo. Cuando le dijo al diablo que se fuera, dijo: "Adora al Señor tu Dios y sírvele sólo a él".

Pídales que repitan el versículo después de usted varias veces.

Diga: Dos mil años después de Jesús, nosotros seguimos estudiando el Antiguo y el Nuevo Testamento. Los llamamos la *Santa Biblia*. En honor de la Biblia, vamos a pasarla por el círculo. Cuando sea su turno, abracen la Biblia contra su pecho y digan el versículo, "Adora al Señor tu Dios, y sírvele sólo a él".

Si tiene tiempo, cuando todos hayan dicho el versículo, pregúnteles si tienen su propia Biblia o su propio libro de historias bíblicas, y discuta cualquier tradición que tenga su iglesia que implique regalar Biblias a los niños y las niñas.

Materiales:
Reproducible 13B
dos canastas
tijeras

Accesorios de Zona®:
ninguno

Situaciones tentadoras

Saque una copia del juego de las situaciones **(Reproducible 13B)**. Recórtela verticalmente. Manteniendo las dos secciones separadas, recorte la lista de las personas y las de los objetos, luego póngalas en canastas separadas.

Divida a la clase en grupos de tres. Explique que cada grupo tiene que sacar un papelito de persona y otra de objeto. Tienen que pensar en las personas y los objetos que les hayan tocado e inventar una situación tentadora; por ejemplo, si un grupo saca la papeleta de "Dos niñas de tercer grado y un niño de primer año" y como objeto: "Un cono de helado y una bicicleta", ellos pueden pensar una situación en la cual las niñas, que están comiendo helados, se vean tentadas a hacerle una broma al niño de primer grado, quien va montado en su bici.

Puedes ayudar a los equipos a desarrollar sus situaciones. Cuando estén listos, pida a cada grupo que presente su situación a la clase. Pregúnteles cómo Dios puede ayudar a los personajes a resistir la tentación en cada situación.

Diga: Dios puede ayudarnos cuando nos vemos tentados a hacer mal. Algunas maneras en que Dios nos ayuda cuando somos tentados son: orando, hablando con nuestros papás, maestros y amigos; recordando los diez mandamientos y otros pasajes de la Biblia, y pensando con cuidado antes de actuar.

 de Vida

Escoja una o más actividades para que la Biblia cobre significado en la vida diaria.

Celebra cantando

Toque "Yo estoy contigo" (**disco compacto, pista 4**). Canten con la música.

Yo estoy contigo

Pues yo estoy contigo
Por dondequiera que tú vayas.
Cuidándote siempre estaré.

LETRA: Génesis 28-15; trad. por Carmen Saraí Pérez
MÚSICA: Philip R. Dietrich
© 1969 Graded Press; trad. © 2007 Abingdon Press, admin. por The Copyright Co., Nashville, TN 37212

Materiales:
tocadiscos de discos compactos

Accesorios de Zona®:
disco compacto

 de Vida

Escoja una o más actividades para que la Biblia cobre significado en la vida diaria.

Materiales:
galletas integrales
crema de malvavisco
chispas de chocolate
vasos de cartón
cucharas
servilletas

Accesorios de Zona®:
ninguno

Una merienda original

Diga: El estar al aire libre puede darnos miedo, pero puede ser maravillosas también. ¿Alguna vez han hecho emparedados de galletas alrededor de una fogata?

Explique a sus estudiantes que prepararemos unos deliciosos emparedados que se hacen poniendo un malvavisco tostado y un pedazo de chocolate entre dos galletas integrales.

Diga: Las personas de la Biblia se reunían alrededor de las fogatas, pero apuesto a que no tenían estos emparedados como nosotros hoy. Nosotros no podemos encender una fogata en nuestra iglesia, pero sí podemos hacer nuestros emparedados.

Entregue a sus estudiantes vasos de cartón y luego una galleta integral. Dígales que rompan la galleta en pedazos chiquitos dentro del vaso. Después pondrán una gran porción de crema de malvavisco en el vaso. Para terminar, que añadan una capa de chispas de chocolate. Repártales cucharas e invíteles a que imaginen que están sentados alrededor de una fogata mientras comen.

Materiales:
ninguno

Accesorios de Zona®:
rana inflable
araña afelpada

Hasta luego

Acomode a Desiré Desierto y a Pantania Peluda para que todos los vean.

Diga: Ésta es nuestra última lección que trata sobre eventos que ocurrieron en el desierto. Hemos viajado a través del desierto con la gente de la Biblia: Abraham y Sara, Isaac y Rebeca, Jacob y Esaú, Moisés, Josué, Juan el Bautista y Jesús. A través de todas estas aventuras desérticas, hemos aprendido que Dios viajaba con la gente de la Biblia y de la misma manera Dios está con todos nosotros hoy. (*Tome a Desiré Desierto y a Pantania Peluda.*) Desiré Desierto y Pantania Peluda no se mencionan en la Biblia, pero ellos han sido una divertida parte de nuestra unidad en el desierto. Voy a pasarlos a ambos con todos ustedes, y me gustaría que cada uno les diera las gracias por ayudarnos a celebrar el desierto.

Cuando terminen con los Accesorios de Zona, póngalos aparte. Pida a sus estudiantes que se pongan de pie y enlacen los brazos para la oración final.

Ore así: Santo Dios, gracias por hacer una Tierra tan maravillosa. Gracias por la naturaleza: el desierto, las montañas, la selva, las playas, los bosques y por todos los demás lugares que permanecen vírgenes, sin ser tocados por el ser humano. Ayúdanos a cuidar bien de tu Tierra y ayúdanos a saber que tú estás con nosotros siempre, dondequiera que vayamos. Amén.

Haga una copia de Zona Casera® para cada estudiante.

# Casera para estudiantes

Versículo bíblico
La Escritura dice: "Adora al Señor tu Dios, y sírvele sólo a él". Mateo 4:10

Historia bíblica
Mateo 4:1-11

En la historia bíblica de hoy, Jesús pasó cuarenta días y cuarenta noches en el desierto, ayunando. Entonces apareció el diablo, tentó a Jesús con comida, lo tentaba a que mostrara sus poderes y le prometió gran salud y poder si se arrodillaba ante él y lo adoraba. Jesús citó las Escrituras y se resistió al señuelo de esta fuerza diabólica. En esta ocasión, el desierto y su experiencia con el diablo ayudaron a Jesús a definir su papel como hijo de Dios. Su hijo o hija enfrenta tentaciones todos los días. Aliente sus buenos esfuerzos por identificar la tentación y las maneras en que nuestra fe cristiana puede ayudarnos a resistirla. Celebre su buen espíritu, y juntos piensen en vivir la vida que Dios quiere para ustedes.

Yo fui al desierto

Una persona empieza este juego diciendo, "Yo fui al desierto y me llevé… (*y mencione algo*)." La siguiente persona repite lo que dijo la anterior y añade otra cosa a la lista. Por ejemplo, después de unas cuantas rondas, la lista podría ser: "Yo fui al desierto y me llevé una linterna y una bolsa de cacahuetes y mi osito de peluche y cuatro barras de granola y una bolsa de dormir". Jueguen hasta que la lista sea tan larga que todos tengan problemas para recordarla.

Divertidas maneras de practicar para resistir la tentación

Todos nosotros, jóvenes y viejos, tenemos problemas para resistir la tentación. Aquí hay algunas maneras divertidas de practicar con su familia para superar la tentación.

Disponga en la mesa algo delicioso, como las barras de dulce favoritas, por ejemplo. Decida por cuánto tiempo la familia debe resistir la tentación de comer una. Cuando todos hayan resistido exitosamente la tentación, sírvalas y saboreen la merienda.

Haga que unos y otros inventen secretos simples y se los cuenten a otros miembros de la familia. Cada quien debe resistir la tentación de contárselo a alguien más. Después de unos cuantos días, los secretos pueden ser revelados.

Ponga una hoja de papel en el refrigerador, que diga, "Fui tentado a decir". Cada vez que alguien sea tentado a decir algo desagradable o criticón a alguien más, en vez de hacerlo, dibujará una carita feliz en la hoja. Luego de unos cuantos días, ¡vean cuántas caritas felices tienen!

Dios nos ayudará cada vez que seamos tentados a hacer lo malo.

Permiso de fotocopiado otorgado para uso de la iglesia local. © 2007 Abingdon Press.

PRIMARIOS MENORES: LECCIÓN 13

Mis Accesorios de Zona favoritos

Encierra en un círculo los tres Accesorios de Zona con los que te sientes tentado a jugar.

rana inflable

jeeps de safari

araña afelpada

juego de atrapa a la rana

pinzas de oso koala

títeres de rana para los dedos

canicas

sombrero de rana

ranas saltarinas

pelotas de confeti

Reproducible 13A

Permiso de fotocopiado otorgado para uso de la iglesia local. © 2007 Abingdon Press.

Zona Bíblica®

Situaciones tentadoras

Personas	Objetos
Dos chicas de tercer grado y un niño de primero	Un cono de helado y una bicicleta
Un niño nuevo en la escuela y dos chicos que son los mejores amigos	Un martillo y una canasta de baloncesto
Una chica adolescente y dos niñas menores	Una mochila nueva de marca y una patineta
Dos chicos de primero y uno de quinto año	Un estuche de marcadores y una rana inflable
Dos chicas que son las mejores amigas y una niña que está furiosa con ellas	Una pistola de agua y una bolsa de galletas con chispas de chocolate

 de Juego

Salto de rana a la tierra prometida

Use un proyector de transparencias para transferir a una hoja de papel o a una mampara para cartel la transparencia con la imagen del juego de mesa de dar en el blanco **(Transparencia 1)**. Si quiere, sus estudiantes pueden colorear el círculo de afuera, "El desierto", con crayón café; el círculo de en medio, "El río Jordán", con crayón azul, y el del centro, "La Tierra Prometida", con crayón verde.

Ponga el tablero en la mesa o en el suelo al alcance de todos los jugadores. Entregue a cada estudiante una **rana saltarina** como pieza de juego. Para jugar, tomarán un turno poniendo su rana saltarina fuera del desierto, luego deben presionar la rana para que salte en dirección a la tierra prometida. Después de que todos hayan tomado su turno, los niños y las niñas tomarán turnos consecutivos para hacer saltar a sus ranas hasta la tierra prometida, siempre empezando desde su última posición. ¡Todos los jugadores ganan cuando lleguen a la tierra prometida!

Un laberinto asombroso

Al igual que los israelitas vagaban por el desierto, pida a sus estudiantes que creen su propio sendero serpenteante usando dos madejas de hilo de diferentes colores.

Salgan afuera o a un salón más grande. Escoja a dos parejas y déle a cada pareja una madeja de hilo. Invite a las parejas a trazar con el hilo intrincados senderos por el desierto, los cuales se pueden sobreponer porque están hechos de diferentes colores.

Cuando se terminen los laberintos, divide a la clase en dos grupos. Pida que cada grupo se interne en un laberinto por el desierto, mientras escuchan "Sonidos del desierto" **(disco compacto, pista 26)**. Si crearon los laberintos en un espacio abierto, tal vez no sea práctico usar la música.

Repita el juego haciendo ovillos con el hilo, escogiendo nuevas parejas para crear los laberintos y formar dos nuevos grupos que se internen en los laberintos.

 de Comida

Recipiente de pan

En los tiempos bíblicos, hornear el pan era una actividad cotidiana de las familias. Pida a sus estudiantes que le ayuden para hacer una versión más fácil del pan. Necesitará tener acceso a un horno, guantes de cocina, un recipiente grande resistente al calor, dos tubos de masa de panecillos de media luna refrigerados, y aceite de cocina.

Precaliente el horno a 350 grados. Rocíe o unte el aceite en el recipiente invertido. Reúna a los niños y las niñas alrededor del recipiente. Abra los rollos de media luna y desenrolle la masa.

Invite a sus estudiantes a desprender los triángulos perforados de pasta, después acomode los pedazos sobre el recipiente. Empiece en la corona del recipiente y trabaje hacia los lados y hacia abajo, sobreponiendo ligeramente los pedacitos de la masa.

Ponga el recipiente en el horno caliente. Hornee durante quince minutos o hasta que dore, pero sin tostarse.

Mientras se hornean los panes, explíqueles que la gente de los tiempos de la Biblia horneaba pan casi a diario. Hecho de harina de trigo o de cebada, el pan era una parte importante de las comidas. Las mujeres usualmente mezclaban la masa, formaban una hogaza y luego horneaban la masa sobre una piedra caliente o en un recipiente de barro.

Cuando el pan esté listo, desprenda las orillas con un cuchillo, después levante el pan del recipiente. Invite a sus estudiantes a que desprendan los pedazos de pan para que los puedan comer. Concluya la actividad orando el Padre Nuestro.

 de Juego

En el camino

Con el proyector de transparencias transfiera, El camino por el desierto a un pliego de papel o a un cartón. Los niños pueden colorear el terreno, si lo deseas.

Dos estudiantes pueden jugar a la vez, cada uno manejando un **jeep de safari** por los caminos, a través de las montañas y sobre los ríos y desiertos. No hay espacios individuales en el camino, así que podrán manejar sus jeeps sin obstáculos.

Toque "Caminando por el desierto" **(disco compacto, pista 18)** como música de fondo.

 de Arte

Haz un efod

Un efod era una pechera decorativa usada por los sacerdotes. Los sacerdotes que servían en el primer tabernáculo debían usar un efod tachonado con gemas preciosas sobre su vestidura especial de sacerdocio.

Materiales: gemas artesanales de plástico grandes (una o más por estudiante; papel de construcción (pliegos completos y círculos de dos pulgadas, dos por estudiante); papel crepé; marcadores rojo, azul y morado; tijeras; engrapadora; pegamento de artesanía, y lápices.

1. Comience con dos pliegos de papel de construcción; éstos serán el frente y la espalda del chaleco sacerdotal.
2. Haga un diseño en cada pliego, el frente y espalda del chaleco.
3. Seleccione una o más gemas y péguelas en la parte del frente.
4. Corte dos tiras de papel crepé de catorce pulgadas de largo.
5. Para ensamblar, engrape un extremo de la tira del papel crepé a la esquina superior derecha del frente y el otro extremo a la esquina superior derecha de la espalda del chaleco. Repita en el lado izquierdo.
6. Complete el efod añadiendo las "piedras de ónix" (los círculos recortados en papel de construcción). Estas supuestas "piedras de ónix" deben pasarse a todos sus estudiantes para que escriban sus nombres en ellas con una pluma. Pegue los círculos en los extremos del frente de las tiras de papel crepé con la engrapadora o con pegamento. Los efods están listos.

 de Arte

Proyecto de pintura de arena

La mayoría de sus estudiantes han hecho decoraciones con escarcha de colores sobre pegamento. La pintura de arena se puede hacer de la misma manera. Compre tres colores de arena en una tienda de artesanías. También va a necesitar lápices, papel de construcción y pegamento, así como pegamento escolar en una botella (líquido) (el pegamento en barras no funciona).

Toque música instrumental del disco compacto (pistas 26, 27, 28), como "Caravana de camellos", "Caminata por el desierto" y "Caminando en el desierto" mientras invita a sus estudiante a crear un diseño que les recuerde el desierto. Pida que tracen un dibujo sencillo con el lápiz sobre el papel de construcción.

Después explique que se necesitan tres pasos para hacer la pintura de arena, un paso por cada color de arena. Muéstreles uno de los colores. El primer paso es escoger la parte del diseño que quieran con ese color. Pida que pinten esa parte: deben distribuir el pegamento con una palita y enseguida esparcir la arena del primer color sobre el pegamento. Luego dar suaves golpecitos al papel de construcción en vertical para retirar el exceso de arena, sobre otra hoja de papel (o en un recipiente de plástico) que recoja el sobrante para volverlo a usar (y así limpiar rápidamente). Después hay que reaplicar pegamento y arena en los huecos que hayan quedado, conforme se necesite.

Entonces se repite la técnica con los dos colores restantes.

Cuando las pinturas se sequen, considere exponerlas ante otras clases o personas adultas para que las admiren.

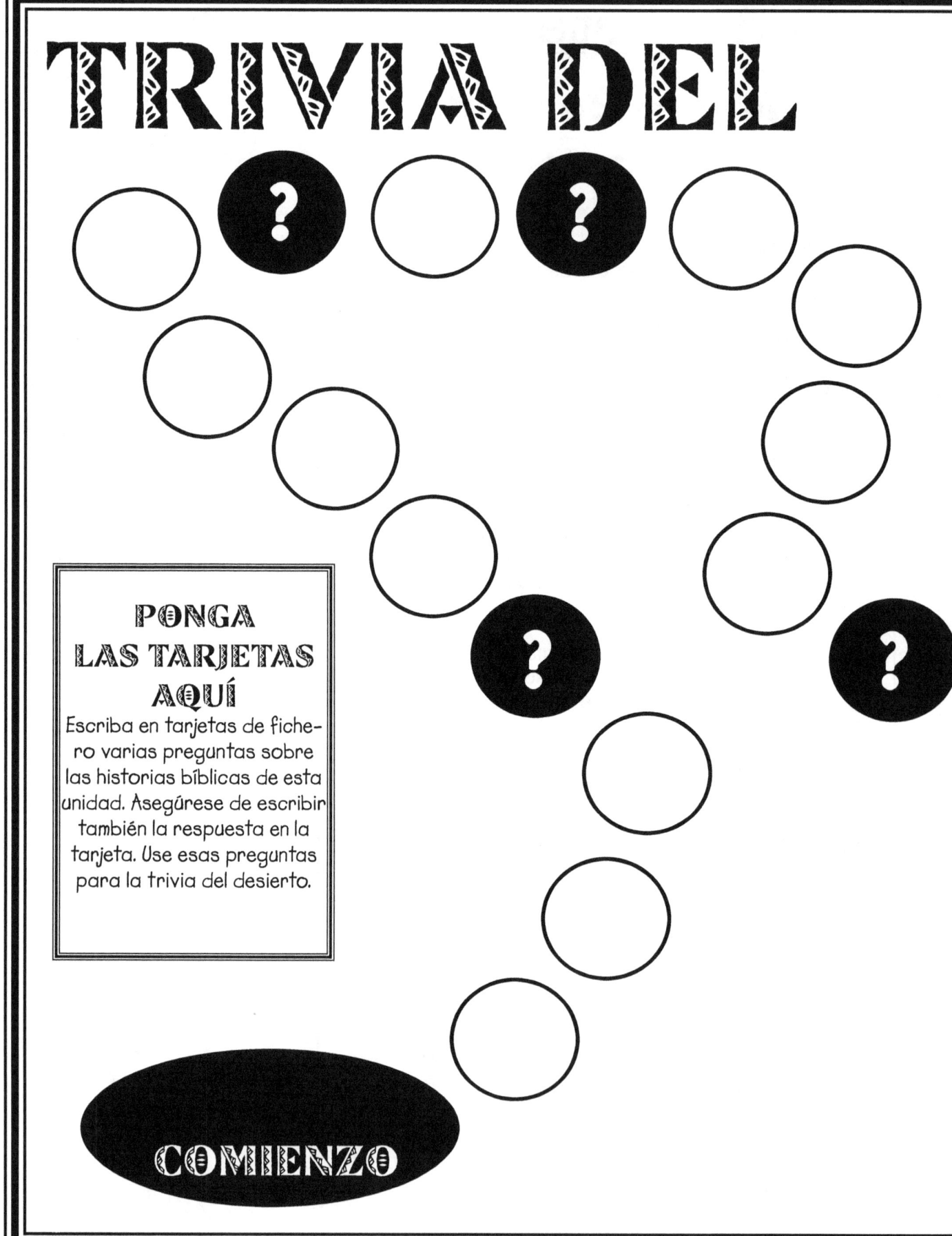

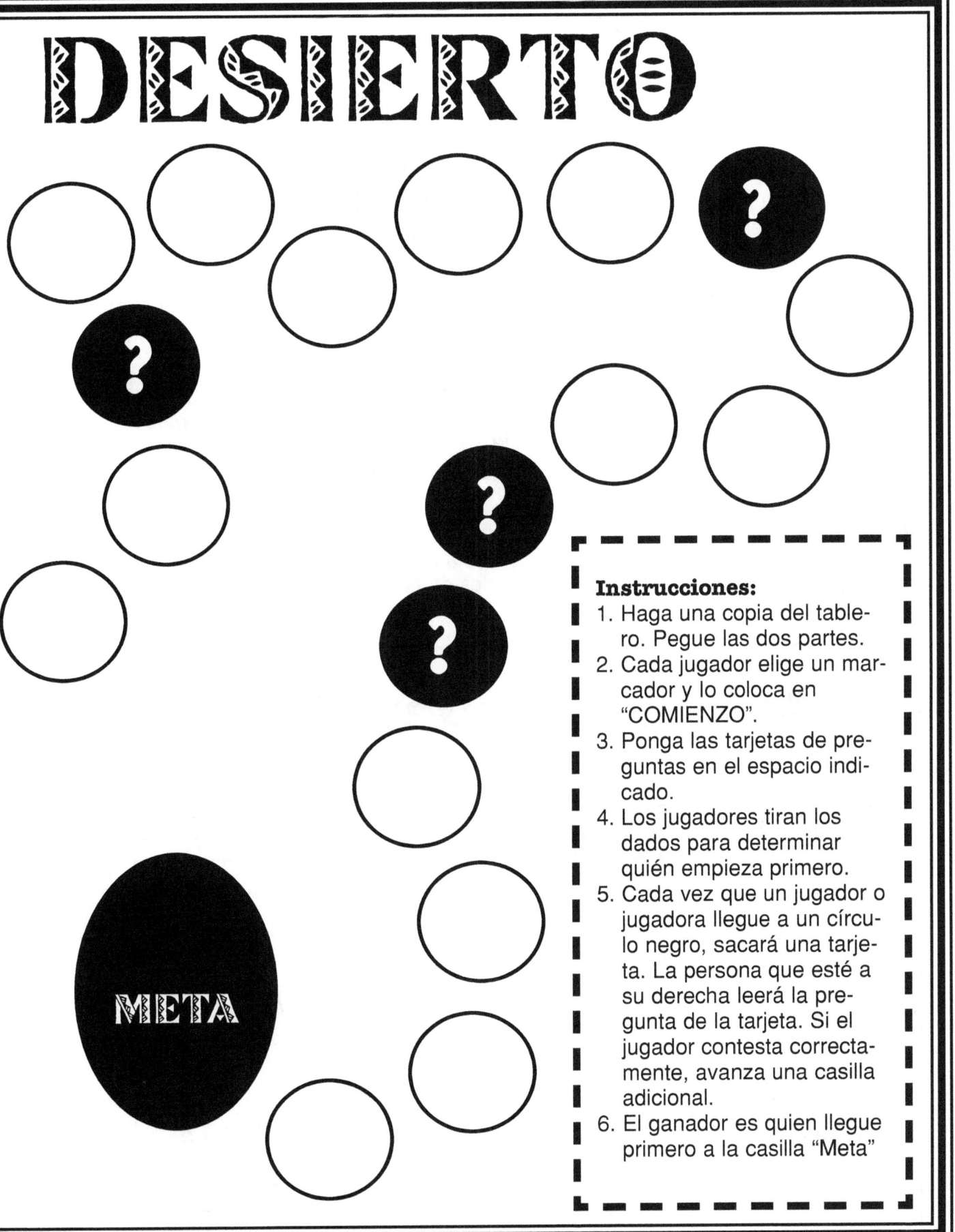

 de Historias

Agua del manantial

Tanto en el Antiguo Testamento como en el Nuevo, los pozos se destacan en historias memorables, como en la historia de la lección tres. Sus estudiantes pueden representar esta historia en torno a un pozo en el salón o simplemente divertirse sacando agua del pozo como lo hacía la gente de los tiempos bíblicos. Para este proyecto va a necesitar un balde nuevo de plástico, pequeño –dos a tres galones– o una cesta de basura, papel para artesanía, tijeras, crayones, cinta adhesiva, un cucharón y vasos.

Lave el balde de plástico. Llénelo a la mitad con agua del grifo justo antes de empezar la actividad. Corte el papel a la altura y la circunferencia del balde. Pídales que decoren el papel para que parezca de piedra. Cuando terminen, use cinta adhesiva para asegurar el papel alrededor del borde del balde. ¡Ahora el balde parece un viejo pozo!

Invíteles a usar el cucharón para llenar un vaso de agua. Haga como si estuvieras en los tiempos bíblicos y el camino a través del desierto los hubiera dejado sedientos a todos. Hable de darles de beber a los camellos, ¡ellos están sedientos también!

Visite el tabernáculo

Use el proyector de transparencias para desplegar el santuario (Transparencia 3) en un pliego de papel o en una mampara para cartel. También puede elegir hacer de ésta una actividad individual reproduciendo la transparencia en copias individuales.

La lección diez describe los materiales y las destrezas que se necesitaban para construir la tienda sagrada o santuario; sin embargo, sus estudiantes no vieron el santuario o tabernáculo terminado. Juntos, observen las áreas del santuario rotuladas y léanlas en voz alta.

Después, invite a sus estudiantes a colorear el santuario con crayones. ¡Talvez haya unos cuantos crayones especiales de color dorado, plateado y bronce en tu caja de crayones para adornar los ganchos, pies de lámparas, enrejados, cuencos y utensilios!

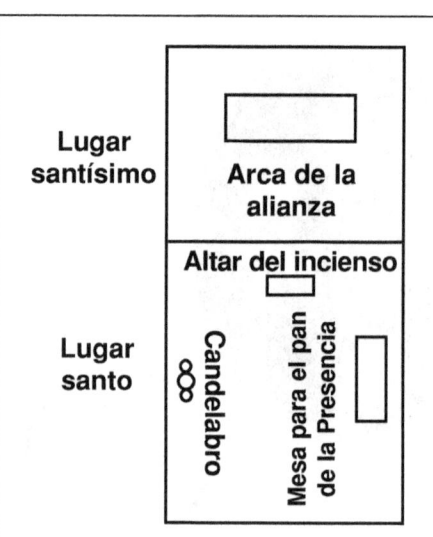

Comentarios de usuarios

Use la siguiente escala para calificar los recursos de Zona Bíblica®.
Si no usó alguna sección, escriba "no la usé" en el espacio para comentarios.

**1 = En ninguna lección   2 = En algunas lecciones   3 = En la mayoría de las lecciones
4 = En todas las lecciones**

1. *Entra a la Zona* proveyó información que me ayudó a enseñar la Escritura en la lección.

   1   2   3   4   Comentarios:

2. La tabla *Vistazo a la Zona* hizo fácil la planeación de la lección.

   1   2   3   4   Comentarios:

3. El plan de enseñanza fue organizado de manera que lo hizo fácil de usar.

   1   2   3   4   Comentarios:

4. La Guía del maestro proveyó instrucciones fáciles de seguir para las actividades de aprendizaje.

   1   2   3   4   Comentarios:

5. Pude encontrar fácilmente en mi casa o iglesia los materiales necesarios para hacer las actividades.

   1   2   3   4   Comentarios:

6. Mis estudiantes fueron capaces de entender las lecciones de *En la Zona®*.

   1   2   3   4   Comentarios:

7. Las actividades eran adecuadas para el nivel de aprendizaje y habilidades de mis estudiantes.

   1   2   3   4   Comentarios:

8. El número de actividades del plan de la lección funcionó bien para el tiempo que tenía disponible (indique cuanto tiempo) _____.

   1   2   3   4   Comentarios:

9. Usé las actividades de la sección Zona de Juego® de la Guía del maestro.

   1   2   3   4   Comentarios:

10. Usé las actividades de la sección Zona de Arte® de la Guía del maestro.

    1   2   3   4   Comentarios:

11. Usé el disco compacto en mi salón.

    1   2   3   4   Comentarios:

12. Usé los objetos del Paquete de DIVERinspiración® de la Zona Bíblica®.

    1   2   3   4   Comentarios:

13. Envié a casa la hoja Zona Casera® para los padres.

    1   2   3   4   Comentarios:

14. Me gustaría ver las siguientes historias en Zona Bíblica®:

COMENTARIOS ADICIONALES

TÍTULO DE LA UNIDAD: EN LA CASA DE DIOS

Actividades que mis estudiantes disfrutaron más:

Actividades que mis estudiantes disfrutaron menos:

Usé Zona Bíblica® para_____Escuela dominical _____Segunda hora de escuela dominical _____Iglesia de niños

_____Miércoles por la noche _____Domingos en la noche _____Compañerismo infantil _____Otro

ACERCA DE MI CLASE

Número de estudiantes y edades en mi grupo

_____6 años _____7 años _____8 años

_____otra edad (especifique) _____

Número promedio de estudiantes que asistían a mi clase cada semana:_____

Enseñé: _____solo(a) _____con otro maestro(a) cada semana

_____tomando turnos con otros maestros _____con un ayudante adulto

ACERCA DE MI IGLESIA

_____Rural _____Pueblo pequeño _____Central _____Suburbana

_____Menos de 200 miembros _____200–700 miembros _____Más de 700 miembros

Nombre y dirección de la iglesia: _____
_____

Mi nombre y dirección: _____
_____

Por favor mande este formulario a:
Amy Smith
Departamento de Investigación
201 8th Ave., So.
P.O. Box 801
Nashville, TN 37202-0801

CRÉDITOS DEL DISCO COMPACTO

#1 – La bendición de Abraham
LETRA: Beth Parr; trad. por Julito Vargas
MÚSICA: Tradicional
©2001 Cokesbury; trad. © 2007 Abingdon Press, admin. por The Copyright Co., Nashville, TN 37212

#3 - Eres mío
LETRA: David Haas; trad. por Pablo Garzón
MÚSICA: David Hass
© 1986, trad. © 2007 G.I.A. Publications

#4 - Yo estoy contigo
LETRA: Génesis 28-15; trad. por Carmen Saraí Pérez
MÚSICA: Philip R. Dietrich
© 1969 Graded Press; trad. © 2007 Abingdon Press, admin. por The Copyright Co., Nashville, TN 37212

#5 - Dime, dime
LETRA: Jenni Duncan; trad. por Julito Vargas
MÚSICA: Tradicional
© 2007; trad. © 2007 Abingdon Press, admin. por The Copyright Co., Nashville, TN 37212

#6 - Más que las estrellas
LETRA: Mark Burrows; trad. por Julito Vargas
MÚSICA: Mark Burrows
© 2001; trad. © 2007 Abingdon Press, admin. por The Copyright Co., Nashville, TN 37212

#7 - Himno de promesa
LETRA: Natalie Sleeth; trad. Alberto Merubia
MÚSICA: Natalie Sleeth
© 1986; trad. © 1984 Hope Publishing Co., Carol Stream, IL 60188. Para pedir permiso de fotocopiar este himno, ponerse en contacto con Hope Publishing Co., 1-800-323-1049 o www.hopepublishing.com

#8 - La familia de Abraham
LETRA: Evelyn M. Andre; trad. por Julito Vargas
MÚSICA: Fuente desconocida; arr. por Nylea L. Butler-Moore
© Graded Press; arr. © 1993; trad. © 2007 Abingdon Press, admin. por The Copyright Co., Nashville, TN 37212

#9 - Cúan poderoso es Dios
LETRA: Anónimo; trad. por Diana Beach
MÚSICA: Anónimo
"Cuán poderoso es Dios" arreglo © 1996 Group Publishing, Inc. Todos los derechos reservados. No se permite la duplicación sin autorización. Usada con premiso

#10 - Señor prepárame
LETRA: John Thompson y Randy L. Scruggs; trad. por Diana Beach
MÚSICA: John Thompson y Randy L. Scruggs
© 1983; trad. © 2007 Full Armor / Whole Armor Music, admin. por The Kruger Corporation

#11- Estaré siempre contigo
LETRA: Génesis 28:15; trad. por Carmen Saraí Pérez
MÚSICA: June Fisher Armstrong
© 1990; trad. © 2007 CRC Publications. Todos los derechos reservados

#12 - Sé que el Espíritu
LETRA: Lanny Wolfe, 1977
MÚSICA: Lanny Wolfe, 1977
© 1977; trad. © Lanny Wolfe Music / ASCAP; admin. por Gaither Copyright Management

#13 – Baja, Moisés
LETRA: Espiritual afroamericano
MÚSICA: Espiritual afroamericano; adapt. y arr. por William Farley Smith
Adat. y arreg. © 1989 The United Methodist Publishing House, admin. por The Copyright Co., Nashville, TN 37212

#14 – Señor, tú me llamas
LETRA: Rubén Jiménez, c. 1977
MÚSICA: Rubén Jiménez, c. 1977
© 1978 Casa Bautista de Publicaciones

#15 – Ve ahora en paz
LETRA: Natalie Sleeth; trad. por Carmen Saraí Pérez.
MÚSICA: Natalie Sleeth.
© 1976; trad. © 2007 Hinshaw Music, Inc. Usada con permiso; trad. © Hinshaw Music, Inc.

#16 – Qué bueno es Dios
LETRA: Fuente desconocida
MÚSICA: Fuente desconocida
© 1988 Graded Press; trad. © 2007 Abingdon Press, admin. por The Copyright Co., Nashville, TN 37212

#17 – Gracias le doy
LETRA: Elaine Lockwood
MÚSICA: Elaine Lockwood
© 1974 Cokesbury; trad. © 2007 Abingdon Press, admin. por The Copyright Co., Nashville, TN 37212

#18 - Caminando por el desierto
LETRA: Judy Jolly; trad. Carmen Saraí Pérez
MÚSICA: Tradicional
© 2002 Cokesbury; trad. © 2007 Abingdon Press, admin. por The Copyright Co., Nashville, TN 37212

#19 – Todo viene de Dios
LETRA: Timothy Edmonds; trad. Maria Luisa Santillán de Baert.
MÚSICA: Timothy Edmonds.
© 1990 Graded Press; trad. © 1991 Graded Press, admin. por The Copyright Co., Nashville, TN 37212

#20 - Los Diez Mandamientos
LETRA: Espiritual afroamericano; alt. 2002; trad. por Carmen Saraí Pérez.
MÚSICA: Espiritual afromericano; arr. por Allen Tuten.
Arr. © 2001 Cokesbury; ; trad. © 2007 Abingdon Press, admin. por The Copyright Co., Nashville, TN 37212

#21 – Los Diez Mandamientos (rap)
LETRA: Mark Burrows; trad. por Julito Vargas.
MÚSICA: Mark Burrows.
© 2002; trad. © 2007 Abingdon Press, admin. por The Copyright Co., Nashville, TN 37212

#22 – Escucha, Israel
LETRA: Bob Ropiak; trad. por Julito Vargas.
MÚSICA: Bob Ropiak.
© 1983; trad. © 2007 Straightway Music. Admin. por EMI Christian Publishing
Todos los derechos reservados. Derechos internationales asegurados. Usada con permiso

#23 - Josué
LETRA: Espiritual tradicional; trad. por Jorge A. Lockward.
MÚSICA: Espiritual tradicional.
Trad. © 1997 Cokesbury; trad. © 2007 Abingdon Press, admin. por The Copyright Co., Nashville, TN 37212

#24 – Cristo me ama
LETRA: Anna B. Warner, 1860; trad. anónimo
MÚSICA: William B. Bradbury, 1862
trad. © 2007 Abingdon Press, admin. por The Copyright Co., Nashville, TN 37212

#25 - Si no tomas postura
LETRA: Mark Burrows; trad. por Julito Vargas
MÚSICA: Mark Burrows
© 2002; trad. © 2007 Abingdon Press, admin. por The Copyright Co., Nashville, TN 37212